江小北与龙小山的
法律学习之旅

民法典
社会生活的百科全书

主编｜黄 祥　丁宇昕

法律出版社 LAW PRESS·CHINA
———— 北京 ————

图书在版编目（CIP）数据

民法典：社会生活的百科全书／黄祥，丁宇昕主编
. -- 北京：法律出版社，2023（2023.9重印）
（江小北与龙小山的法律学习之旅）
ISBN 978-7-5197-8071-5

Ⅰ.①民… Ⅱ.①黄… ②丁… Ⅲ.①民法-法典-案例-中国 Ⅳ.①D923.05

中国国家版本馆CIP数据核字（2023）第124401号

| 民法典：社会生活的百科全书
MINFADIAN: SHEHUI SHENGHUO DE BAIKE QUANSHU | 黄　祥　丁宇昕　主编 | 策划编辑　冯雨春　李　军
责任编辑　冯雨春　李　军
装帧设计　汪奇峰　贾丹丹 |

出版发行　法律出版社	开本　710毫米×1000毫米　1/16
编辑统筹　法律应用出版分社	印张　9.75　　字数　100千
责任校对　王　丰	版本　2023年8月第1版
责任印制　刘晓伟	印次　2023年9月第2次印刷
经　　销　新华书店	印刷　天津嘉恒印务有限公司

地址：北京市丰台区莲花池西里7号（100073）
网址：www.lawpress.com.cn　　　　　　　　销售电话：010-83938349
投稿邮箱：info@lawpress.com.cn　　　　　　客服电话：010-83938350
举报盗版邮箱：jbwq@lawpress.com.cn　　　咨询电话：010-63939796
版权所有·侵权必究

书号：ISBN 978-7-5197-8071-5　　　　　　定价：45.00元
凡购买本社图书，如有印装错误，我社负责退换。电话：010-83938349

编委会

（按姓氏笔画排序）

主　任

韦忠平　刘能斌　陈　宇

副主任

卢　新　华惜时　张明菊　吴　波　李　涛
吴惠英　武文俊　周建飞　周桂松

成　员

丁宇昕　丁洪武　朱　云　刘　俊　杜仲伟
陈　浩　汪晴露　周　玉　林　莉　金　鑫
胡昌蒲　姚　彬　徐子敬　徐　馨　常欣妍

总 序 General Preface

让我们一起开启一场有"yi"的法律之旅吧

一

在法学教育工作中,我们观察到一个现象:孩子们选择法学专业的原因种种不一,但往往有迹可循。

譬如说,有的孩子怀有与生俱来的正义感,在他们朴素却真挚的情感里,法官能够手执天平,捍卫世间公平正义;律师能够口若悬河,拯救众生于泥淖。当然,在这些孩子眼里,最有光环的还是警察和检察官,他们头顶国徽,一身正气地代表国家除尘涤垢。

还有的孩子要现实得多。他们或是目睹至亲陷入法律困局而无法自救,或是听闻好友权益受损但不知所措,虽心有戚戚却力有不逮,遂立志精研法律以解心结。还有一些孩子因亲友经商,而近水楼台地窥见了商业运作的真相,他们早熟的规则和权利意识令人讶异。

当然,因为"喜欢"而选择法学专业的才是大多数,只不过喜欢法律的原因富有浓郁的年代气息。40岁左右的法律人,大多是因为港片而初识法律,不少人在入门后方知所要面对的全然不同于港片中描述的那样,电视剧中的法政先锋、律政精英只能停留在儿时的回忆之中。再年轻些的,深受《今日说法》的熏陶,每天午间都有一个离奇、惊悚或唏嘘的法律故事吸引着他们,这些故事来自生活又高于生活,不断刷新着想象力,"诱惑"着他们把法律职业作为毕生挑战。最近这几年,孩子们的答案大多是"罗翔",不得不说罗翔老师的"出圈",推动了中国法治建设,至少是中国法治教育的巨大进步,他荣获"CCTV年度法治人物",实至名归。

可以说,除了一些"随便""都行"的孩子之外,学习法学的动机大体可以用有意义、有益处、有意思来概括。

二

2020年9月15日,南京市江北新区少年法学院正式挂牌成立。

如何把少年法学院办好？如何用孩子乐于接受的叙事方式普及法律知识？如何让法律成为孩子的守护神？如何培养孩子的法律思维，让法律像水和空气一样成为日常必需品？这样一个重大且重要的课题摆在了我们面前，我们虽觉责任重大，但又内心雀跃，因为对我们而言，即将开启的是一场有意义、有益处、有意思的青少年普法之旅。

这三年来，我们坚持每天推出"法治小课堂"，定期拍摄法治微视频，为孩子们营造浓厚的法治氛围。我们坚持每个月开展一场德法课师资培训、法治课堂或家长课堂，有关《宪法》《民法典》《未成年人保护法》《家庭教育促进法》《个人信息保护法》等主题的20多场专题讲座，显著提升了师生的法治素养。我们坚持每年举行一次青少年法治活动，如法治故事大赛、模拟法庭大赛、法治书画大赛以及规划中的法治情景剧大赛等，覆盖新区所有中小学，孩子们通过沉浸式参赛体验，达到了自我教育的效果。我们坚持每年开展青少年法治宣传教育周、宪法日等活动，让法治节日成为孩子成长道路上的重要印迹。

应当说，少年法学院的工作有声有色，但我们内心总还是有些忐忑：通过几次讲座、几场活动，孩子们真的能准确地理解精深的法律知识吗？课堂和活动的热闹退去，孩子们脑海中的法律知识还能残存几许？高度抽象的法律知识如何映射到日常生活中，孩子们是否能够举一反三，用法律来武装自己？

三

一个偶然的机会，让我们找到了答案，也直接促成了本套丛书的问世。

2021年，我们受邀到一个中学开展法治读书会活动。十几岁的孩子，当然得读青少年普法读物。于是，我们到网上商城选购了一些，翻阅后却发现没有特别合适的读物。有的只是对法律条文进行释义，有的通过百余字的案例来解读法律制度，还有的以绘本形式来迎合青少年的阅读需求。更让我们吃惊的是，不少读物差不多是5到10年前出版的，没有结合法律的修订更新版本。反复比较后，我们选中的是一本少年文学作家写的法律故事书，故事虽然生动，但某些表述并不准确。

这一现状激发了我们调研的热情。

我们发现，中小学《道德与法治》课程中，小学部分涉及

30部法律法规,中学部分涉及50部法律法规、6部条例和司法解释。教材有限的体量,显然无法呈现精深的法律知识全貌。况且,目前中小学使用的人教版《道德与法治》教材是2017年出版的,关于《宪法修正案》《民法典》《刑法修正案》《个人信息保护法》《长江保护法》《家庭教育促进法》《反食品浪费法》等最新立法都无从体现。

同时,我国中小学尚未配备一支具有法律专业背景的德法课教学师资队伍。部分德法课教师对法学基础理论、法律规范内容都是一知半解,在教学过程中经常有想不清、拿不准、说不对的情况,如果学生的提问超出教材范围,教师们往往无法解答,他们迫切需要一套权威、翔实、管用的参考书目。

毫无疑问,编写一套青少年法治教育读物,不仅是一件特别有益的事情,而且是一项有意义的工作。

四

我们在编写前,确定了几个基本的原则。

第一,要融入习近平法治思想、社会主义核心价值观与基础法学理论。本套丛书不仅仅简单地通过案例故事,链接法规法条，讲述行为规范，更注重坚持马克思主义立场观点方法，植根于中华优秀传统法律文化，比较人类法治文明的成果，潜移默化地讲清讲透坚持党的领导、坚持以人民为中心、坚持建设中国特色社会主义法治体系等宏大命题的理论基础和现实意义，深入浅出地阐释依法治国与以德治国、社会主义核心价值观与依法治国的内在统一关系，初步建立学生对法的概念、对象、本质、价值等基础法学理论的直观、形象、科学的认知。

第二，动态呈现最新立法理念和成果。要科学及时地反映中国特色社会主义法治体系建设的最新成果，融入《宪法修正案》《民法典》《刑法修正案》《个人信息保护法》《长江保护法》《家庭教育促进法》《反食品浪费法》等最新法律法规。并以修订本、在线教学资源、视频教学资源等形式实时动态反映立法、执法与司法的最新成果。

第三，贴合青少年现实需求，分类编写系列法律读物。以法学二级学科为主要依据，以与青少年成长密切相关的法律问题为主要内容，第一辑先行编写宪法、民法典、未成年人保护法、环境保护法等分册，并陆续推出刑法、反电信网络诈骗法、行政处罚法、消费者权益保护法以及应对气候变化、公共卫生与自然灾害应急管理等领域的读物。

第四,尊重中小学教学规律,填补青少年法治教育资源空白。在编写中严格遵循教育学、心理学等学科的基本规律,同时依托江北新区少年法学院,对每一章节进行试讲试用,根据课堂教学反馈调整完善,确保本套丛书文字简练、语言生动、贴近生活、故事性强,成为青少年喜闻乐见的教辅读物。

第五,充分吸收中华优秀传统法律文化与人类法治文明优秀成果。出版中华法治小故事和世界法治小故事分册,以中华优秀传统法律文化增强"四个自信",从人类法治文明的优秀成果中拓宽视野,做到包容开放。这也是当前市面所售的青少年法治读物从未有过的尝试。

五

给孩子写的法律书,必须是有趣的。

我们把故事的主人公设置为在江北新区工作、学习的一家四口。

江小北是八年级女生,今年14岁,成绩优秀,懂事乖巧,富有正义感和同理心;龙小山是江小北的弟弟,今年8岁,刚上二年级，成绩中等，懵懂淘气，富有好奇心和创造力。小山随爸爸姓，小北随妈妈姓。

龙爸爸是一家生物医药公司的首席科学家，今年45岁，兢兢业业，事业处于上升期，对孩子们细致耐心，热心于公益事业；江妈妈是一家电子商务公司的销售主管，42岁，公司的业务骨干，也是孩子们生活和精神上的依赖。

我们身边是不是有很多这样的家庭，甚至我们自己就生活在这样一个温暖的家庭中呢？在他们身上发生的很多开心的事、头疼的事、难过的事，也一定是在我们生活中所经历过的。

但是，无论遇到什么样的事情，你会发现，江小北和龙小山他们一家人只要正确地运用法律武器，就能够保护自己、帮助他人、维护公平正义。他们在法律的学习之旅中不断进阶，法律知识也日益融入他们的日常生活。

相信随着阅读的深入，你会喜欢上这一家人，会为他们的收获而开心，为他们的困难而担心，为他们的烦忧而难过。更重要的是，在这样一段有"yi"的法律旅程中，你也一定能成长为法律知识小达人。

六

最后照例是感谢。

除了有意义、有益处、有意思,"yi"还有很多特殊的含义。

(1)始终如"yi"(一)。本套丛书的问世离不开南京信息工程大学、江北新区综合治理局、江苏博事达律师事务所等单位领导的高度认可,尽管这不能算作任何一家单位的KPI(关键绩效指标),但他们自始至终给予了最大的人力和物力支持。

(2)深厚情"yi"(谊)。本套丛书的问世得到了很多朋友的无私帮助。江北新区教育和社会保障局、南京信息工程大学附属实验小学、南京建宁中学等诸多单位的志同道合者,为丛书贡献了许多"金点子",并提供了调研和试讲的机会。常欣妍警务工作室为插图提供指导,丛书中"常警官说"的人物肖像,就来自她的慷慨授权。

(3)仁心胜"yi"(医)。本套丛书能得到法律出版社的青睐,是对我们努力的最大肯定。法律出版社在选题、编辑、设计、装帧、审校各环节无不表现出专业、严谨、细致,确保丛书能高质量地完成。能遇到责编李军,更是我们的幸运,她专业细致的指导,"007"般的在线响应,不厌其烦的答疑,有求必应的反馈,医治了丛书中一个又一个错讹。

（4）坚定不"yi"（移）。编写团队的成员有教师、国家公务员和资深律师。每位编写者都有着繁重的主责主业,拥有着"回报"率更高的工作。但每一个人都不计得失,经常用节假日的时间聚在一起,开展调研和讨论,有始有终,没有一个人中途掉队。法政学院的一些本科生和研究生也参与了故事的创作,可以说他们就是江小北本北和龙小山本山,他们的创新、高效和坚持值得点赞,他们与江小北和龙小山的共同成长必将成为值得珍藏的特殊记忆。

编委会

2023 年 5 月 4 日

序 言
Preface

人生活在这个世界上，每个人都有自己的姓名、形象、人格、隐私等。这是我们区别于他人的标志。

人生活在这个世界上，总是要和其他的人打交道，由此形成了亲属、师生、朋友等各种各样的身份关系。这是人们社会交往的必然结果。

人生活在这个世界上，必须有吃的，有穿的，有用的。这是人存在的物质基础。没有这些物质基础，我们无法在社会上立足。

由此，在人人平等的前提下，人们需要维护自己的人格，创设和消灭身份，保护和充分利用自己的财产，在这个过程中形成了平等主体之间人身关系和财产关系。调整这些关系的法律便是民法。

民法与我们的生活息息相关，可以说，我们每个人、每一天都在与他人发生民事法律关系，无论你有没有意识到这一点。从超市里购物到大型工程的建设，从跨国公司的经营活动到寻常百姓的日常生活，无一离得开民法的约束和调整。所以学习民法、掌握民事法律的一些常识和知识，可以使我们受用终生。

自由与平等是民法的基石、公平是民法的尺度、诚实信用是民法的保障、公序良俗则是民法的底线。作为新时代的少年，我们不仅要关注民法的具体规定，更要了解这些规定背后的原则、思想和道德基础，理解法律从何而来，规定为何如此。这样才能做到法在人心，行不逾矩。

为了推进国家治理体系现代化建设、贯彻全面依法治国的重要举措、坚持以人民为中心的法治理念，国家于2021年1月1日正式实施《民法典》。《民法典》的编纂与出台是新时代中国特色社会主义法治进程中科学立法、民主立法、依法立法的重要里程碑。其不是对以往立法的简单堆砌，而是对我国民事法律的一个完整化、系统化的编纂，从而形成了更为有效的权利保护机制，让我们享有更多、更直接、更实在的获得感、幸福感。

民法典有7编、1260条，内容丰富，体系严谨。囿于客观条件的限制，我们现在不能系统地、完整地学习它，但是我们可以管中窥豹，逐渐地了解它、熟悉它。本书从各编中选取了与我们日常生活联系最为紧密的若干法律条文，结合实际发生的案例并加以改编，形成了 20 个小故事。希望读者从我们精心准备的这些小故事中能够了解所涉及的法律条文的意义，理解这些条文背后所蕴含的立法本意和伦理基础。

人物介绍

江小北(八年级女生,14岁,姐姐,成绩优秀,乖巧懂事,富有正义感和同理心)

龙小山(二年级男生,8岁,弟弟,成绩中等,懵懂淘气,富有好奇心和创造力)

> **龙爸爸**（生物医药公司的首席科学家，45岁，兢兢业业，事业处于上升期，对孩子们细致耐心，热心于公益事业）

> **江妈妈**（电子商务公司的销售主管，42岁，公司的业务骨干，是孩子们生活和精神上的依赖）

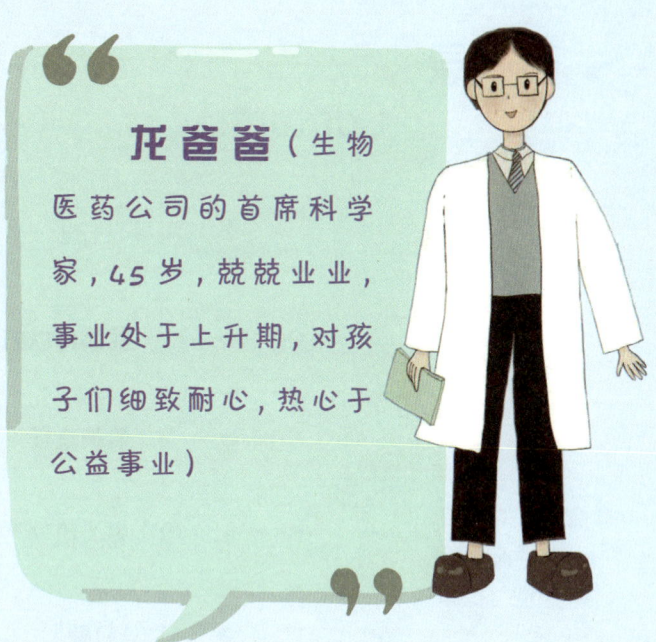

目 录
Contents

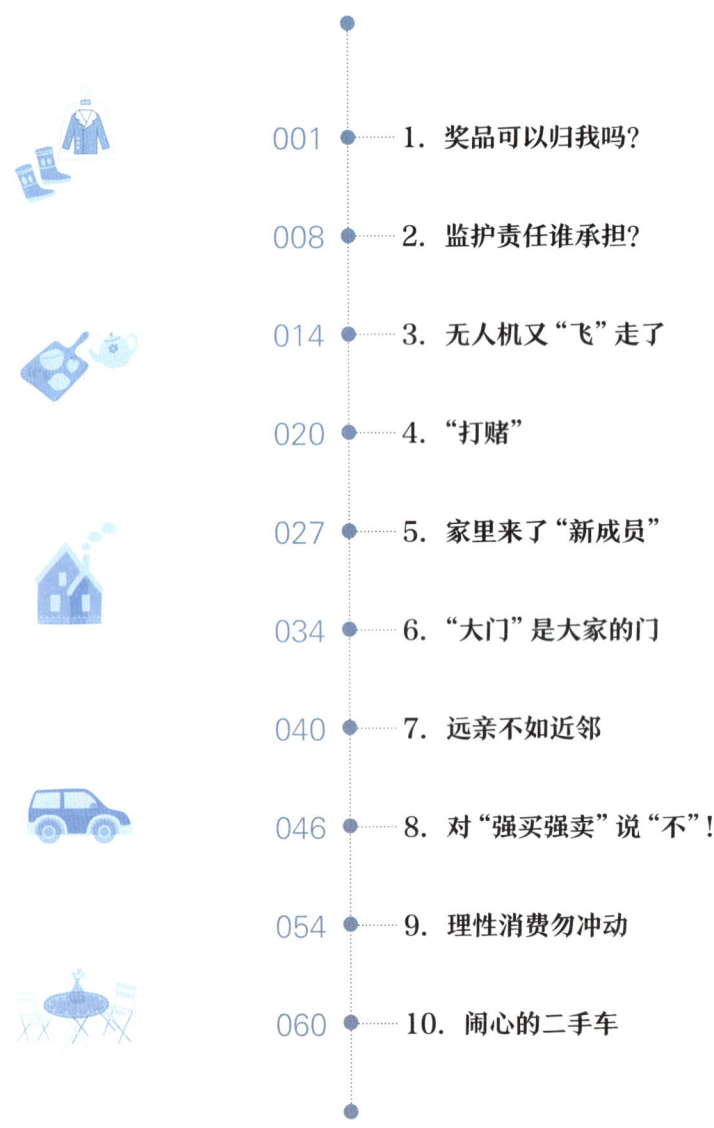

- 001   1. 奖品可以归我吗?
- 008   2. 监护责任谁承担?
- 014   3. 无人机又"飞"走了
- 020   4. "打赌"
- 027   5. 家里来了"新成员"
- 034   6. "大门"是大家的门
- 040   7. 远亲不如近邻
- 046   8. 对"强买强卖"说"不"!
- 054   9. 理性消费勿冲动
- 060   10. 闹心的二手车

11. 两位"小江女士" ········ 066

12. 欠钱要还，诚信为人 ········ 073

13. 出租房的烦恼 ········ 080

14. 姓氏如何定？ ········ 086

15. 我的肖像我做主 ········ 092

16. 我们都是祖国的花朵 ········ 098

17. 遗产如何继承 ········ 104

18. 免费的交通车 ········ 110

19. "天降"横祸 ········ 115

20. 小区里的"坑" ········ 121

奖品可以归我吗?

龙小山在上语文课,正听得认真,突然门口出现一个西装革履的男人,他向正在上课的语文老师招招手,语文老师快步走过去,这时班级里面落针可闻,同学们都非常想知道这个人来找语文老师干什么。不过那人声音压得很低,只看到那人附着语文老师耳语几句便转身离开了。

语文老师再回来上课时,脸上挂满了笑容,对同学们说:"你们想上电视吗?"班级里瞬间炸开了锅。语文老师示意大家安静下来,笑眯眯地说:"因为市里有一个综艺节目要录制,正好你们的年龄比较符合他们的要求,节目组先是找到学校,学校也答应了,同时为了公平起见,采用了抽签的方式,结果就抽到了我们班。不过,有没有同学不想去呢?虽然这个问题可能有点多余,但我还是问一下。"

龙小山涨红了脸,因为生性比较害羞,害怕自己可能适应不

了那样的公开环境，但是班里并没有人举手。龙小山正在犹豫中，语文老师已经笑着宣布："既然没有同学不想去，那就大家都参加吧。"

转眼到了出发的日子。龙小山和同学们一起坐在校车上，小山睡眼惺忪，因为昨晚紧张得几乎没有睡觉。虽然节目录制很顺利，但是龙小山感觉自己发挥得并不是很好，内心有些难过。就在大家准备动身回去的时候，节目组突然找到语文老师，说是因为节目时长不够，准备再加拍一个抽奖环节，如果真的抽中了，可以拿走奖品。还未等语文老师征求同学们的意见，同学们便已嬉笑着重回节目录制现场。

为了避免节目过于冗长，最后的抽奖环节先从同学们中抽签选出一位同学，然后再由该同学代表全体同学进行抽奖。结果正好抽中了龙小山代表全体参与录制的同学们进行抽奖。龙小山特别害怕自己运气不好，没能抽中奖品，就在小山转动转盘，眼看指针要落在20份学习用品的时候，转盘却停住了，大家集中目光看过去，发现竟落在了大奖5000元上。大家很高兴，你一言我一语，说龙小山运气如何之好，纷纷对其竖起大拇指。录制结束后，节目组告知大家，5000元会由节目组发给学校，再由学校进行分配。

奖品可以归我吗?

但是几个月过去了,龙小山和同学们录制的节目已经播出几个星期了,仍然未见学校发放奖品5000元。江妈妈听说了这件事后,找到学校有关部门去询问,却被告知,因为龙小山在法律上属于限制民事行为能力人,龙小山的抽奖行为需要江妈妈或者龙爸爸事后追认。学校曾经联系江妈妈,但江妈妈没有追认。江妈妈突然想起,确实有一天接到了电话,电话那头说要不要追认自己儿子的抽奖行为,江妈妈虽然知道儿子中奖了,但是觉得既然中奖了就一定会发,以为对方是想利用家人的信息进行电信诈骗,所以直接拒绝并挂掉了电话。

回家后,江妈妈越想越觉得不大对劲,于是打电话给自己的律师朋友。在了解了事情的来龙去脉后,律师朋友告诉江妈妈,龙小山的抽奖行为属于纯获利益的民事法律行为,相当于日常生活中别

 民法典：社会生活的百科全书

人送东西给龙小山，这种行为不需要江妈妈同意或者追认也是有效的。

"所以，我现在有权利把奖金要回来是吗？"龙妈妈恍然大悟。在得到了对方肯定的回答后，江妈妈底气大增，又一次来到龙小山的学校，通过据理力争，终于拿回了属于龙小山的奖品5000元。

 **常警官说**

在社会上，成年人是交易活动的主要群体。有时候未成年人

004

奖品可以归我吗？

也会为了生活需要与别人建立法律关系，但是由于欠缺认识能力，他们可能会遇到问题和纠纷且不知道应当如何正确处理这些问题和纠纷。一般来说，每个人的社会经验和判断能力会随着年龄的增长而增长。所以，法律以年龄为标准将未成年人划分为无民事行为能力人（不满 8 周岁）、限制民事行为能力人（满 8 周岁但未满 18 周岁）。

我国法律规定，8 周岁以下的未成年人需要父母或者其他法定代理人代理实施民事法律行为。对于年满 8 周岁未满 18 周岁的未成年人，可以通过父母事后追认的方式来实施民事法律行为。但是对于 8 周岁以上的未成年人来说，并不是任何民事法律行为都必须由自己的父母或者其他法定代理人同意。对于诸如接受赠与、免费抽奖等不需要付出对价，单纯享受利益的行为，本身对未成年人来说并不会造成损害，是有效的。同学们，现在你们能分清楚哪些是自己能做的，哪些是自己不能做的了吧？

 **法 条 链 接**

《中华人民共和国民法典》

第十九条 八周岁以上的未成年人为限制民事行为能力人，实施民事法律行为由其法定代理人代理或者经其法定代理人同意、追认；但是，可以独立实施纯获利益的民事法律行为或者与其年龄、智力相适应的民事法律行为。

第一百四十五条 限制民事行为能力人实施的纯获利益的民事法律行为或者与其年龄、智力、精神健康状况相适应的民事法律行为有效；实施的其他民事法律行为经法定代理人同意或者追认后有效。

相对人可以催告法定代理人自收到通知之日起三十日内予以追认。法定代理人未作表示的，视为拒绝追认。民事法律行为被追认前，善意相对人有撤销的权利。撤销应当以通知的方式作出。

奖品可以归我吗？

 **思考与讨论**

1. 小明用两元买了一张彩票并且中了50元，老板却以小明父母没有同意为由拒绝兑奖，小明要求立刻兑奖，法律会支持吗？

2. 张三是个精神病人，有一天跑到一家饭店消费了2000元，张三吃饱后未结账就准备离开，饭店老板将其拦下并报警。张三的家属到场讲明张三的病情之后，便准备带着张三离开。请问饭馆老板可以要求张三家属付钱吗？

监护责任谁承担？

"终于放假啦,爸爸,你可要带我去玩哦,上次都说好了的。"放学的路上,江小北拉住爸爸的手嘟囔道。爸爸面露苦笑,显出难为情的样子,摸摸江小北的头,话语中带着歉意:"小北,爸爸向你道个歉,因为爸爸工作上有个急事,必须出趟差,回去问问妈妈,看看妈妈可不可以带你出去玩好吗?"

江小北噘着小嘴,垂头丧气地说:"那好吧。"

谁知到了晚上7点,江妈妈还没有回来,江小北和爸爸都很担心妈妈,在打了几个电话后,妈妈终于接电话了。原来,江妈妈所在的单位今天临时安排江妈妈出差,因为事出突然,还没有来得及给家里打电话。龙爸爸和江妈妈正讨论要把江小北送到哪儿照管,江小北听到之后主动提出能不能去爸爸的同事李叔叔家。李叔叔的女儿李亚男正好是江小北的同班同学,两人关系很要好。龙爸爸和江妈妈商量了一下,都觉得这是个不错的主意,跟妈妈通监护责任谁承担？

完电话之后，龙爸爸打电话给李叔叔。李叔叔欣然同意了照顾江小北的请求。

"小北，我们想想该玩什么游戏呢？"亚男嘟囔道。江小北略微沉思："要不我们玩捉迷藏？"正在沙发上看电视的李叔叔则一直注意两个孩子的动静。正在这时，一阵敲门声响起，李叔叔打开门一看，原来是隔壁张阿姨家10岁的儿子张小宝。"李叔叔好，亚男姐姐在家吗？"张小宝兴高采烈地问。李叔叔忍不住笑了："小宝来找亚男姐姐玩呀，她在家呢，而且她同学正好也在我家，赶快进来吧。"

经过亚男姐姐的介绍，江小北和张小宝很快便熟悉起来。三人讨论后决定玩捉迷藏，但是李叔叔有点不放心，对女儿亚男和江

小北强调:"你们玩捉迷藏的时候要注意安全,尤其是你们作为姐姐,要保证小宝的安全哦,我就在旁边看电视,一旦发生什么事要叫我。"

没想到,没过一会儿,隔壁房间传来了张小宝的哭声,李叔叔赶忙跑过去,发现张小宝头上流血了,李叔叔赶忙将其送往医院并通知了张阿姨。回到家,李叔叔询问亚男和小北事情发生的原因。江小北哇的一下哭了出来,道出了实情。原来,在玩捉迷藏的时候,张小宝从江小北藏身之处几次经过都没有发现江小北,江小北就想逗逗他,于是突然蹿出来,结果张小宝吓了一跳,一下没站稳跌了个跟头,头磕地上了。李叔叔安慰江小北,说去医院检查过了,张小宝只是头擦破点皮,血流得不多,没有大碍,让江小北不要担心。

监护责任谁承担？

　　待爸爸妈妈出差回来后，江小北跟他们说了这件事，江妈妈和龙爸爸主动找到李叔叔，要求承担张小宝受伤产生的医药费等各项损失。但是李叔叔严肃地表示，江妈妈和龙爸爸委托自己照顾江小北，江小北即使犯错，也应当由自己承担相应的费用。江妈妈说："您不必坚持，我们已经咨询过律师朋友了，即使我和龙爸爸将监护职责委托给你，我们作为江小北的监护人也应当承担责任。"李叔叔仍然坚持由自己承担张小宝的各项费用。江妈妈和龙爸爸拗不过李叔叔，于是表示过两天江小北过生日，正好请李亚男和张小宝一同过来热闹热闹，一是表示对李叔叔的感谢，二是借此机会，让江小北和张小宝和好如初，继续做朋友。最终，通过一个完美的生日派对，江小北和张小宝冰释前嫌，成为很要好的朋友。

 **常警官说**

　　监护人应当对被监护人履行监护职责。有时候，监护人不能履行监护职责时，法律允许其将部分监护职责委托给他人行使，但监护人的监护身份并没有发生变化，父母作为监护人的职责也没

有免除。本故事中,龙爸爸江妈妈委托李叔叔照料江小北,其间江小北如果导致他人受伤,作为法定监护人的龙爸爸江妈妈肯定要负责,而李叔叔照管三位孩子比较细心、谨慎,尽到了看管义务,所以不必赔偿。倘若李叔叔自己出去办事,对这三个孩子未加看管,那么李叔叔存在相应的过错,则需要承担部分责任。同学们,现在你们知道什么是监护人和监护责任了吧?

 **法条链接**

《中华人民共和国民法典》

第一千一百八十八条 无民事行为能力人、限制民事行为能力人造成他人损害的,由监护人承担侵权责任。监护人尽到监护职责的,可以减轻其侵权责任。

有财产的无民事行为能力人、限制民事行为能力人造成他人损害的,从本人财产中支付赔偿费用;不足部分,由监护人赔偿。

第一千一百八十九条 无民事行为能力人、限制民事行为能力人造成他人损害,监护人将监护职责委托给他人的,监护人应当承担侵权责任；受托人有过错的，承担相应的责任。

思考与讨论

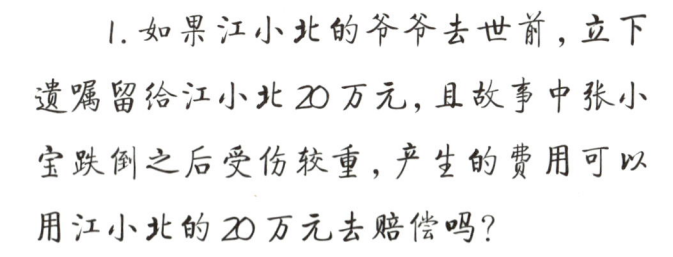

1. 如果江小北的爷爷去世前，立下遗嘱留给江小北20万元，且故事中张小宝跌倒之后受伤较重，产生的费用可以用江小北的20万元去赔偿吗？

2. 接着上个问题，如果本故事中龙爸爸江妈妈将江小北委托给托管机构照料并支付了报酬，发生了类似的情况，托管机构需要承担责任吗？

3

无人机又"飞"走了

又是一个晴朗的周末,龙爸爸拍了拍龙小山:"起床啦懒虫,忘了今天要出去放风筝吗?"小山听到要出去放风筝,一下子精神了起来。放风筝去喽!

幸运的是,这个周末的滨江公园里人并不多。小山和爸爸找到一块草坪,拉线放绳,风筝越飞越高。不过风筝一直在爸爸手上,龙小山觉得虽然风筝在天上飞很有乐趣,但是放风筝太难了,他不乐意学。"什么时候可以遥控风筝飞就好了。"龙小山边躺在草坪上看着天空边想着。突然,龙小山看着天空说:"哇噻,爸爸你看,那个风筝好高啊!"

"那是无人机,一种小型的飞机啊,乖孩子。人只要在地面拿着遥控器就可以远程操控它,有些名牌无人机还可以拍视频呢。"龙爸爸扶了扶眼镜对小山解释道。

小山看得入了迷,放风筝愈加变得索然无味。哪个小孩子不

无人机又"飞"走了

对能远程遥控的"大风筝"充满向往呢?

龙爸爸看着小山入迷的样子,心里动了想法,偷偷拿出手机想看看这个无人机多少钱,要是涨工资了再赶上打折或许可以给小山买一架。龙爸爸打开购物网站,发现里面的名牌无人机标价特别低,领完购物券只要几十元,而且提供各种售后保障。龙爸爸也不咨询客服,生怕被别人抢了先,立马就下单了。

父子二人开心地回了家,迫不及待和江妈妈分享这份喜悦。谁知龙爸爸一打开手机就傻眼了,他下的订单竟然被商家取消了。龙爸爸气得嘀咕:"怎么可以这个样子,这样子合法吗?"小山眼看着到手的无人机"飞"走了,伤心地流下了眼泪。江妈妈问:"怎么啦?"龙爸爸和小山对视了一下,红着脸跟江妈妈把事情细说了一遍。江妈妈劝道："你啊你啊，就是爱贪便宜，天下没有免费的午餐，怎么跟个老小孩儿一样。"

碰巧的是，江妈妈今天也遇到了类似的事情。江妈妈是一家电子商务公司的销售主管，最近公司的销售人员不小心在购物网站上标错了价格，几千元的化妆品售卖价格被标成了几十元，有人一次性下了几十单，公司一下子损失了几十万元。这不，实在没办法了，购物网站不同意取消订单，公司就向法院起诉了，要求撤销订单。今天判决下来了，虽然公司承担了一部分费用，但是大部分钱和商品都要了回来。

龙爸爸惊讶地说："这也能要回来？你们标错价格了，也能要回来呀？"

江妈妈笑了笑说："是啊，我们公司咨询了律师，这种情况属于重大误解，可以被撤销。当然，事情的起因在我们，所以，我们也赔偿了顾客的损失。"

龙爸爸若有所悟，对儿子说："今天又长见识了，别难过了，小山，爸爸重新给你买一台，咱们这次挑个好的！"龙小山听了破涕为笑，高兴地和爸爸一起挑选无人机了。

无人机又"飞"走了

常警官说

　　交易是建立在平等自愿的基础之上的,而平等自愿必须基于对交易的充分了解。如果双方对交易的价格等内容存在误会,很可能导致交易的不公平,因此应当允许撤销。除了上述故事中提到的重大误解情形之外,《民法典》还规定了其他三种可撤销的民事法律行为,包括欺诈、胁迫和显失公平。发生上述情形后,交易双方可以自行协商解决,如果协商不成,其中一方也可以向法院起诉，要求撤销交易行为。本故事中，商家可以取消订单，造成龙爸爸和龙小山损失的，应当适当赔偿。

法条链接

《中华人民共和国民法典》

第一百四十七条 基于重大误解实施的民事法律行为，行为人有权请求人民法院或者仲裁机构予以撤销。

第一百五十二条 有下列情形之一的，撤销权消灭：

（一）当事人自知道或者应当知道撤销事由之日起一年内、重大误解的当事人自知道或者应当知道撤销事由之日起九十日内没有行使撤销权；

（二）当事人受胁迫，自胁迫行为终止之日起一年内没有行使撤销权；

（三）当事人知道撤销事由后明确表示或者以自己的行为表明放弃撤销权。

当事人自民事法律行为发生之日起五年内没有行使撤销权

的，撤销权消灭。

第一百五十五条　无效的或者被撤销的民事法律行为自始没有法律约束力。

思考与讨论

江妈妈几个月前在购物网站买了一件裙子，发现现在的价格比当时便宜了好几百元，江妈妈是对裙子价格产生了重大误解吗？这条裙子还能退吗？

4

"打　赌"

　　最近龙小山的班级上开始流行收集奥特曼卡片。一套奥特曼卡片有8张,想集齐一套可不容易呢。龙小山花了整整一个星期也没集齐,就差最后一张卡片——"奥特之父"。学校旁边的小卖部倒是有卖的,只是太贵啦,要龙小山5天的零花钱才能买得起,龙小山有点舍不得。但龙小山一想到明天就是星期一,要是集齐一整套奥特曼卡片,肯定能够在同学们面前好好炫耀一番!

　　想到同学们羡慕的眼光,龙小山拿出自己平时一点一点积攒的零花钱,百般不舍地走进小卖部,用5天的零花钱买了一张"奥特之父"。龙小山看着手里这张金光闪闪的"奥特之父"卡片,像是得到了稀世珍宝,心里乐开了花。有了这张卡片,奥特曼系列卡片可就全部集齐啦。这天晚上,月朗星稀,龙小山早早就睡着了,梦里还在和小伙伴们玩奥特曼卡片。

　　第二天一早,龙小山一起床就跑到桌子旁看他的宝贝,看到8

张卡片还和昨晚一样整整齐齐地摆放在桌面上,他终于舒了口气。龙小山把它们小心翼翼放进书包后,这才开始刷牙、洗脸、吃早餐。来到学校,第一节是语文课。语文老师在上面摇头晃脑地讲着课文,龙小山在下面也随着摇头晃脑,不一会竟犯起困来,不过一想到书包里的奥特曼卡片就瞬间精神了。好不容易等到下课,原本寂静的课堂瞬间像炸了锅。同学们纷纷拿出自己的"宝贝",像在开小型卡片展览会。只见龙小山不慌不忙将语文课本装进书包,再将下一节数学课的书本拿出来,然后又在书包里摸索了好一会儿,终于拿出了那套金光闪闪、熠熠生辉的8张全套奥特曼系列卡片。同学们马上全都聚到了龙小山旁边,用羡慕的目光看着这套卡片。

"小山小山,这套卡片真好看啊!太棒了!"

"小山小山,你这套奥特曼卡片也太帅了吧,能不能借我玩一下?"

"小山小山,你可真厉害,'奥特之父'的卡片居然都有。"

"小山小山……"

这样的欢呼、羡慕之声一直持续到数学老师走进教室。这天上午,龙小山成了班里的"焦点"人物,大家都知道他有一套全新的金光闪闪的奥特曼系列卡片。

中午大家回家吃午饭,江妈妈做了龙小山爱吃的白菜肉包子。

民法典：社会生活的百科全书

这可给龙小山开心坏了，心里想：今天可真是个好日子，不仅在学校里成为小伙伴们的羡慕对象，而且回家妈妈还做了白菜肉包子，真是太开心啦！龙小山食欲大增，一连吃了4个大包子，每一个都有自己的拳头那么大。龙小山终于吃饱了，在家里休息了一会儿，到时间就去学校上课了。

说来也巧，龙小山的同桌今天中午也吃了包子。下课后，同桌壮壮悄悄和龙小山说："好同桌好同桌，把你的那套奥特曼卡片和我的铠甲勇士卡片交换玩玩，好不好呀？"小山大方地答应了，随即将卡片拿给同桌，壮壮也将自己的铠甲勇士卡片递给了小山。两人玩着玩着就聊起来今天中午吃了什么。

龙小山说："今天我妈妈做了超级好吃的白菜肉包子，我吃了

4个呢。"

壮壮说："好巧呀，今天我们家也吃了包子，不过我吃了10个才刚刚饱。"

听到这里，龙小山瞪大了眼睛说："不可能，我吃了4个就再也吃不下了，你怎么能吃10个？"壮壮笑了，说道："10个包子我才刚刚吃饱呢，你要不信咱俩打个赌？"龙小山说："赌就赌，我就不信你能吃10个包子。"壮壮说："那咱们就赌这个卡片，我要是吃得下10个包子你就把奥特曼卡片给我；要是吃不下，我就把铠甲勇士的卡片给你怎么样？"龙小山觉得自己肯定能赢，于是一口答应。两人约定，第二天中午龙小山和壮壮一块去壮壮家吃午饭，顺便来验证一下两人的"赌约"，看一看壮壮究竟能不能吃下10个包子。

时间来到了第二天中午。放学后，龙小山和壮壮一起到了壮壮家。壮壮妈妈早就已经做好了包子等着他们了。龙小山一看到壮壮妈妈做的包子，顿时傻了眼，原来壮壮妈妈做的是小笼包，比江妈妈做的包子要小得多。别说壮壮了，自己都可以轻轻松松吃掉10个小笼包。都怪自己一时大意，没有想到包子有大有小，壮壮和自己说的其实完全是两回事，但是没有办法，"君子一言，驷马难追"，自己又不好食言。龙小山正想答应和壮壮交换卡片，还没开口，壮壮妈妈先说话了。

壮壮妈妈说："欢迎小山来我们家做客！"似乎是看到了小山

的窘态，壮壮妈妈接着说道："哈哈哈哈，小山啊，你和壮壮打赌的事情我已经听壮壮说了。你们之间的打赌可千万别太当回事儿，我也已经教育壮壮了。你们如果喜欢卡片，可以相互借着玩一玩嘛。你们都还小，好朋友之间最好不要轻易打赌哦，不然万一伤了感情就不能做好朋友了！"壮壮也在一旁认真地点了点头。

看着壮壮的样子，龙小山也不好意思地挠了挠头，对壮壮妈妈说："谢谢阿姨，我和壮壮都已经明白了这件事，我们不该轻易地打赌。"壮壮妈妈看到两位小朋友这么乖巧懂事，开心地笑了："快吃吧，快吃吧，尝尝阿姨的手艺，千万不要客气哈。"

龙小山和壮壮一边吃着美味可口的包子，一边又想起壮壮妈妈的话，忽然觉得这顿包子比普通的包子多了些滋味……

"打 赌"

常警官说

打赌是一种不良行为。首先,打赌容易让人产生懒散投机、不思进取的心理。这是因为打赌本身就是一时冲动或固执的产物。其次,打赌会因为利益的得失而产生怨气,朋友之间打赌可能因此伤及感情。最后,打赌还是一种非常消耗心力的活动,当你下了赌注,就会不由自主地提心吊胆。很多喜欢打赌的人长期生活在巨大的心理压力之下,长此以往,可能会对心理健康产生不利的影响。一般来说,打赌属于民法上的戏谑行为,不会产生民事法律效果,即打赌行为和取得的利益并不受法律的保护。以从事某种危险行为作为打赌内容时,可能产生侵权责任,如果构成赌博,还可能涉嫌犯罪。

法条链接

《中华人民共和国民法典》

第八条 民事主体从事民事活动,不得违反法律,不得违背公序良俗。

第一百五十三条 违反法律、行政法规的强制性规定的民事法律行为无效。但是，该强制性规定不导致该民事法律行为无效的除外。

违背公序良俗的民事法律行为无效。

第一百五十五条 无效的或者被撤销的民事法律行为自始没有法律约束力。

思考与讨论

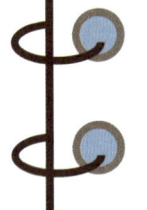

1. 想一想，打赌还有哪些危害？

2. 在我们的日常生活中，碰到其他人要与自己"打赌"，应当如何处理？

5

家里来了"新成员"

一个周日的下午,阳光明媚、风和日丽。江小北在家里帮妈妈收拾房间,整理衣物。这时好朋友兰兰来找江小北出去玩。在征得妈妈的同意后,江小北和兰兰一同来到了小区中央广场,这里是江小北和她的小伙伴们的"秘密基地"。广场上的人不多,江小北和兰兰一块做起了"跳房子"的游戏。正当她们玩得起劲的时候,不远处的草丛里传来了"喵"的一声猫叫,寻声望去,只见草丛里似乎有一团毛茸茸的东西。两人轻手轻脚地走到草丛边,发现里面是一只全身白色的小猫,一边望着她俩,一边"喵喵"地叫。

"小猫真可爱啊!"

"我看是真可怜。它的妈妈呢?"

"可能是只流浪猫,跟妈妈走散了。"

"咱们给它找点吃的吧!"

于是两人从家中拿了一些零食喂小猫。可是,小猫对零食似

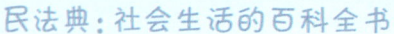

乎不怎么感兴趣，只是用嘴碰了碰，仍然"喵喵"地叫。

"我看还是把它带回家吧。"两人商量之后，江小北就把这只猫抱回了自己家。妈妈开门时看到江小北带回来一只白色的猫，便问道："这是谁家的猫啊？"正在玩耍的弟弟龙小山听了这话好奇地跑了过来。江小北说："这是我和兰兰捡到的。我们看它怪可怜的，就把它带回来了，以后咱们就收养它吧？"妈妈听完皱起眉头说："看这只猫的样子不像是流浪猫呀，也许是别人家的猫走丢了？如果是别人家的猫，咱们应当还给别人才对。"正在一旁的龙小山一边盯着小猫一边说："对，对对。"江小北为难地说："就算是别人家的猫，天这么晚了，咱们到哪里找它的主人呢？"龙爸爸在一旁说："不如今天晚上就暂时留在咱们家吧，明天再看看能不能找到猫的主人。如果真是流浪猫，那咱们就收养了。"

家里来了"新成员"

江小北一听,立刻变得很开心。龙小山高兴地跑到房间里,一边跑一边说:"我来给小猫做个窝。"一会儿龙小山找来了一只大纸箱和一些旧衣服。姐弟俩把大纸箱放在阳台上,用旧衣服铺垫平整之后把小猫放了进去。江妈妈找了些剩饭剩菜,用小盆装好放在小猫的面前。小猫"喵"地叫了一声,便开始吃起来。姐弟俩一边看小猫吃饭,一边讨论小猫最喜欢吃什么,开心极了。

第二天放学回来,姐弟俩一放下书包,就跑去看小猫。小猫显然比昨天精神多了。姐弟俩看到后很高兴,于是拿了零花钱去超市买了一袋猫粮给小猫吃。

晚些时候龙爸爸回来了。龙爸爸一边放下公文包,一边说:"刚才我在小区门口看到了一个寻猫启事,上面的照片跟你们捡到的这只猫是一个样子的,你们赶快把猫还回去吧。"听到这话,龙小山就不高兴了,他对爸爸说:"我好喜欢这只猫啊,咱们可不可以不还回去呢?"江妈妈一边从厨房出来,一边说:"那怎么行呢?这只猫是别人家的,咱们怎么可以据为己有呢?况且,说不定猫妈妈还在家等着它回去呢。你们想,小猫不见了,猫妈妈该多着急啊!"江小北虽然也很不情愿,但是她觉得妈妈说得对。老师也说过,捡到别人的东西,应当归还。

于是,姐弟俩带着小猫按照寻猫启事中的地址找到了猫的主人,猫的主人原来是慈祥的王奶奶。王奶奶单独生活,子女都不在身边，这只猫是王奶奶的小伙伴。自从前天这只猫走丢了之后，王奶奶特别伤心。现在猫回来了，王奶奶很高兴，拿出200元要感谢姐弟二人，并且表示这是在寻猫启事中承诺过的。姐弟二人说什么也不要，并从家中取来刚买的猫粮送给王奶奶。看着姐弟俩恋恋不舍的样子，王奶奶说："如果你们有空，可随时来看小猫。"姐弟俩听后非常开心。

从此，江小北家多了一个"驻外家庭成员"。

常警官说

　　《民法典》系统整合了新中国成立70多年来长期实践形成的民事法律规范，汲取了中华民族5000多年优秀法律文化和传统美德，其中，拾金不昧就是中华民族的传统美德之一。这一传统美德在法律上的体现就是关于遗失物归属的相关规定。《民法典》在肯定了原物主对遗失物所有权的前提下，也兼顾了拾得人的权益，即拾得人因保管遗失物而花费的费用可以向遗失物的物主主张。同时，基于诚信的考虑，遗失物的所有权人在悬赏广告中承诺给予一定的奖励，拾得人有权要求物主支付。这样的规定兼顾了公平与诚信，充分体现了社会主义核心价值观！

法条链接

《中华人民共和国民法典》

第三百一十四条　拾得遗失物,应当返还权利人。拾得人应当及时通知权利人领取,或者送交公安等有关部门。

第三百一十五条　有关部门收到遗失物,知道权利人的,应当及时通知其领取;不知道的,应当及时发布招领公告。

第三百一十七条　权利人领取遗失物时,应当向拾得人或者有关部门支付保管遗失物等支出的必要费用。

权利人悬赏寻找遗失物的,领取遗失物时应当按照承诺履行义务。

拾得人侵占遗失物的,无权请求保管遗失物等支出的费用,也无权请求权利人按照承诺履行义务。

思考与讨论

1. 当我们捡到别人遗失的东西时，该怎么办？

2. 小明的妈妈坐出租车时将手机落在了出租车上。后来，小明的爸爸联系上司机后，司机将手机归还，但表示要收取1000元的费用。你觉得司机的要求合法吗？

6

"大门"是大家的门

大暑节气来临,正值一年中最热的季节,实在是炎热难耐。虽然已经放暑假了,但是江妈妈希望江小北能利用暑假提升自己,便给江小北报名了每周五下午的兴趣班,和同事的女儿兰兰一起上下课。

这天,江小北坐在教室里听着电风扇在头上一直转呀转,却觉得一点风都没有,额头上的汗珠不时地流下来,这样哪还有什么心思听课,江小北心里只想着能不能快点下课,然后回家吹空调。

"叮……"下课铃声突然响起,原本昏昏欲睡的江小北瞬间回过神来,心里想:太好了,终于下课了,赶忙提醒同桌兰兰收拾书包回家。回家路上,二人有说有笑,还在小卖部买雪糕吃。走到分别的岔路口,二人聊到兴头上,不想分开,江小北就让兰兰干脆去自己家吃晚饭,兰兰爽快地答应了。

进了小区,马上要走到自家单元楼下,江小北习惯性地从口袋

"大门"是大家的门

里掏出门禁卡，准备开单元门。奇怪的是，江小北把门禁卡凑过去感应时，发现单元门好像坏了，不用刷卡也能打开。

"咦，门好像坏了，明明今天上午都还好好的。"江小北边说边把门打开。

"单元门坏了，那也太不安全了，要是混进小偷就糟糕了。"兰兰担心地说道。

"对啊，得赶紧让人修好才行，但小区单元门坏了该找谁修呢？"江小北很是疑惑。

"这还不简单嘛，当然是找物业来修啦。"兰兰自信地回答道。

江小北觉得有道理，二人直接来到小区物业管理中心，看到一位阿姨正在值班，上前问道："阿姨，您好，我们8栋1单元的单元门坏了，请您登记报修一下。"

阿姨一脸不耐烦地说道："小姑娘，你们单元的单元门坏了应该由你们单元的业主自己修呀！怎么找到我们物业这儿来了呢？"

江小北一时语塞，望向旁边的兰兰。兰兰一听，反驳道："我们交了物业费，物业就有义务对小区的公共设施进行检查维修呀。"

物业阿姨听了显得更不耐烦了，直接下逐客令："小朋友们快回家去吧！这些都是大人们的事，跟你们说了你们也不懂，就不用你们操心了。快走吧！我这还有事呢。"

035

民法典：社会生活的百科全书

江小北和兰兰只好先回家了。江妈妈还在厨房做饭，看见兰兰来了，江妈妈一边招呼兰兰进来，一边向客厅喊道："龙小山，兰兰姐姐来了，快过来打个招呼，带兰兰姐姐一起看会儿电视。"接着给兰兰妈妈打了个电话。

等龙爸爸回家，大家一起开始吃晚饭。饭桌上，江小北说起了今天下午的经历。爸爸妈妈听完忍俊不禁，龙爸爸说："小北、兰兰热心肠是好事呀！小区单元门坏了的确应该由物业来修，等会儿吃完饭，我带你们去找物业理论去。"说完笑盈盈地给江小北和兰兰碗里分别夹了个鸡腿。

吃完饭，龙爸爸带着小北和兰兰来到物业管理中心。物业阿姨看到龙爸爸来了，问是不是关于修单元门的事，龙爸爸说是的。物业阿姨一听，还是以同样的说辞推诿。

龙爸爸据理力争："上次业主大会提及的关于筹集小区维修资金的事不是投票表决通过了吗？大伙儿也都交了物业费。现在我们楼的单元门坏了，你们作为物业，就有义务进行修缮。你们的领导在吗？有他电话没有？我找他了解一下到底怎么回事。"物业阿姨一听愣住了，立马改了说法："我先给你们登记报修，要是没什么问题，明天就可以安排师傅给你们修。不过，维修费应该还得你们这个单元的业主自行承担。你们看这样可以吗？"龙爸爸满意地说道："好的，就先这样吧，麻烦了。"江小北和兰兰听得入神，看着龙爸爸，眼里充满了崇拜。

第二天，江小北发现单元门果然被修好了。又过了几天，门口还多了一个交费公告。

常警官说

现代城市生活中，住宅小区是主流的居住模式。大家共同生活在同一个小区、同一幢楼房中，除了自己家中的部分以外，其他很多部分是共有的。共有部分产生的收益理应由大家共享；发生损坏、产生费用也应当由大家共担。小区的管理一般由物业公司等物业服务企业来负责，业主若已交纳物业费，物业服务企业应当按照合同的约定为业主提供服务。作为业主之一的我们，应当知道自己的权利，履行自己的义务。

《民法典》对建筑物区分所有权这一部分进行全面规范。这不仅是业主行使所有权、实现自治管理的法律保障，也是物业服务企业提供物业管理和服务的重要依据。

法条链接

《中华人民共和国民法典》

第二百七十一条　业主对建筑物内的住宅、经营性用房等专有部分享有所有权，对专有部分以外的共有部分享有共有和共同管理的权利。

第二百七十三条 业主对建筑物专有部分以外的共有部分，享有权利，承担义务；不得以放弃权利为由不履行义务。

业主转让建筑物内的住宅、经营性用房，其对共有部分享有的共有和共同管理的权利一并转让。

思考与讨论

1. 当小区的喷泉坏了，应当由谁支付维修费呢？

2. 小区一楼张奶奶家的房子临街，她想把自家的房屋改成小卖部，这样可以吗？

7

远亲不如近邻

清晨,东边的地平线泛起一丝丝亮光,阳光透过窗帘洒落在地板上,新的一天开始了。"耶!愉快的寒假开始喽!"江小北惬意地伸了伸懒腰,跳下床来,拉开窗帘,打开窗户。小北深吸一口气,欲将整个清晨的淡香都吸进鼻子里,但一股浓浓的油烟味儿扑鼻而来。吃完饭后,小北蹦蹦跳跳地跑进卧室,卧室里的油烟味儿呛得小北赶紧捂住鼻子,她朝窗外探头一看,只见从楼下飘出阵阵烟雾。

江小北跑去问龙爸爸是什么情况，原来是一楼餐馆的油烟机坏了。龙爸爸放下手中的报纸，皱了皱眉头说："我和隔壁魏叔叔先后都找王老板说明过情况，但正值春节生意火爆，王老板每次都敷衍一句'行行行，明天就请人来修'，可是一直没有后文，其他邻居也很苦恼。"在一旁看电视的弟弟龙小山喊道："姐姐，姐姐，我知道！我们老师说了，法律上有个词儿叫'相邻权'，就是自己家做事不能给周围邻居带来不必要的影响。楼下餐馆做得不对，我们有理有据，可以找他商量。"姐弟俩建议爸爸号召邻居们一起去找王老板协商解决此事。

邻居们委托龙爸爸和魏叔叔代表大家去协商此事。夜晚，龙爸爸和魏叔叔来到餐馆里，正碰上王老板从厨房里出来，准备下班回家。得知来意后，王老板连忙招待他俩进店，给他们沏了一杯茶，说："真不好意思，那个油烟机坏了准备要修，最近太忙啦就忘了，但我琢磨这点小事也没多大影响。你们放心，等我有空了，一定找人来修好。"

魏叔叔一听就有些生气："我们也不是第一次来找你们了，但每次你都这样说！这都多长时间了？我们邻居也忍受了很长时间了。今天邻居们让我们来就是希望你能尽快解决，给我们一个明确的说法，否则大家可不答应！"

"怎么着？我自己的油烟机修不修还得听你们的呗？"王老板

也急了,"我就是不修,你们能怎么样?"

"王老板你这样讲话就不对啦,做生意自然是你的权利,修油烟机也得你来修,但你是不是也要考虑一下我们?都是街坊邻居,不能影响我们正常生活吧?因为你排放的油烟,大伙儿都不敢晒衣服,甚至不敢开窗户。你行使权利起码不应该损害其他邻居的合法权益吧?"

双方经过一小时的沟通,王老板意识到自己的行为不妥,邻居们也体谅王老板的难处。第二天,在邻居们的帮助下,王老板联系了维修公司,利用早晨不影响餐馆经营的时间来修理油烟机。

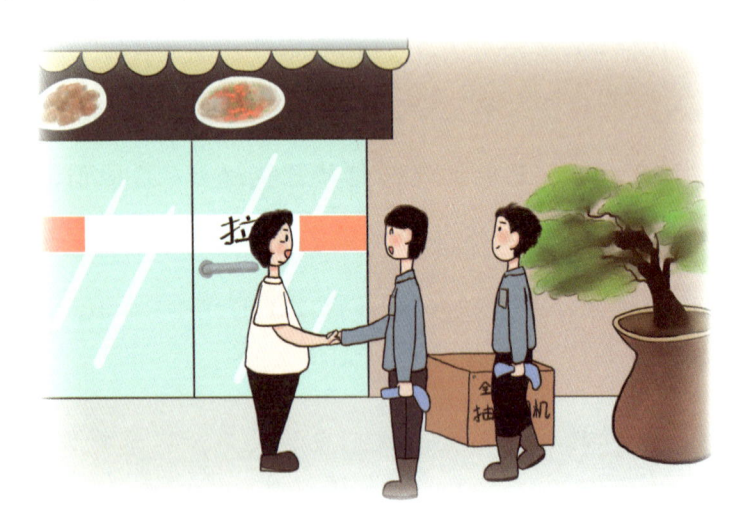

此后,周围的空气又恢复了原样。第二天一早,江小北打开窗时,往日的油烟味已不复存在,一阵清风吹过,带来的是一股股泥土和青草的芳香。江小北开心地说:"对!熟悉!就是这个味儿!

哈哈！"龙小山则有点不高兴："前两天梦里飘过的都是楼下王叔叔做的红烧排骨、脆皮鸡、东坡肉……"引得全家哈哈大笑。

常警官说

大家生活在一起，不可避免会产生矛盾和纠纷。每个人都可以自由地使用物品，但应当以不干扰别人为前提。所以，处理相邻关系时，在充分尊重、信任的基础上明确权利义务，协调邻居们的日常生活，实现邻居之间互帮、互让的睦邻友好关系，相邻权这一具备浓厚道德意蕴的法律概念应运而生。

相邻权，是指在相邻的土地、房屋等不动产的所有人或者使用人之间，任何一方为了合理行使其所有权或使用权时，享有要求其他相邻方提供便利或是接受一定限制的权利。在故事中，餐馆王老板行使自己的权利时，应当以不损害其他邻居的合法权益为原则。如果因权利的行使给邻居们的人身或财产造成危害，邻居们是有权要求其停止侵害、消除危险和赔偿损失的。处理相邻关系时，相邻各方应当本着有利生产、方便生活、团结互助、公平合理的原则，互谅互让，协商解决。协商不成，也可以请求人民法院依法解决。

法条链接

《中华人民共和国民法典》

第二百八十八条　不动产的相邻权利人应当按照有利生产、方便生活、团结互助、公平合理的原则，正确处理相邻关系。

第二百八十九条　法律、法规对处理相邻关系有规定的，依照其规定；法律、法规没有规定的，可以按照当地习惯。

第二百九十四条　不动产权利人不得违反国家规定弃置固体废物，排放大气污染物、水污染物、土壤污染物、噪声、光辐射、电磁辐射等有害物质。

思考与讨论

1. 小明家楼上的邻居经常把湿拖把搁置在阳台上，湿拖把的水滴下来，造成楼下的住户无法晾晒。你可以帮小明想想办法吗？

2. 在日常生活中，你能发现哪些相邻关系的纠纷呢？

8

对"强买强卖"说"不"!

夏日炎炎,路边上的柳树都被晒得无精打采,偶尔有几只知了在树上不断地叫着。在这样炎热的天气下,学生们也都像被晒蔫的柳树叶儿般垂头丧气,除了江小北和龙小山姐弟俩。这姐弟俩依然像往常一样蹦蹦跳跳,为即将到来的暑假生活感到兴奋不已。因为他们已经知道了一个好消息——这个暑假,龙爸爸会带着全家一起去海边旅游!

时间一转眼就到暑假了,江小北和龙小山早早地就完成了暑假作业。江妈妈也在网上为全家购买了防晒衣、防晒霜和泳装等,为这次旅游可谓是做足了准备。经过协商,全家人一致决定:由于路途遥远,此次旅行选择报名旅行团的方式,省心、省力,还经济划算。决定好以后,龙爸爸在手机上看到了一个旅游公司,这个旅游公司给出的条件非常优惠:不仅景点多,有专车接送,而且车好、住得好。看到这里,龙爸爸心动了。

对"强买强卖"说"不"！

动身的前一天，也是江小北最期望的一天。晚上她兴奋地难以入眠，巴不得黎明快快到来，将难熬的黑夜赶走。终于等到了天明，一家人坐了两个多小时的飞机，来到了向往已久的海边。

一下飞机，龙爸爸预定的旅游公司就派专门的大巴来接大家去酒店休息，并告知大家下午自由活动，晚餐已经备好，明天正式开始游玩。龙爸爸一家看着旅游公司贴心又细致的安排，觉得很满意。

就这样，在旅游公司的安排下，江小北看到了碧蓝的大海，金色的细沙滩以及其他许多景点。旅行很快来到了最后一天，导游带大家来到了一个有些偏远的村庄体验"农家乐"。大家都怀着去"农家"乐一乐的心态，却不料车子缓缓停在了路边的一个珠宝店门口。司机师傅抱歉地和大家说："车子坏了，让导游带大家先下车去珠宝店里坐坐，我去修车，等修好了再来接大家。"大家听到这个消息，纷纷开始抱怨。导游只好赔着笑脸说："实在对不起大家，谁也没想到车子居然在这抛锚了，只好先请大家跟我下车到店里歇一会儿了。"

龙爸爸也感到无奈，但是看到车上的人纷纷下车也不好再说什么，带着一家人走进了珠宝店。说是珠宝店，可这前不着村后不着店的村子里能有什么珠宝。再仔细一看店里的东西，倒是琳琅满目。可谁也不是珠宝专家，短时间内难以鉴别真假，价格又相当不菲。龙爸爸顿时心里一惊：坏了，这不会真是碰上"宰客"的了吧！果不其然，导游又开始暗示大家："这店里的东西倒还真不错呢，大伙儿好不容易来一趟，不如买一些带回去送给亲朋好友。"大家心知肚明是怎么回事。眼看暗示不起作用，导游竟直接朝一个老爷爷走过去："大爷，你看这串珍珠项链多漂亮啊，回去带给大妈，大妈肯定非常高兴。"

"我不要，我不要，我老伴都走了好几年了。"大爷赶紧说。

"没事，没事，您先留着，给您儿媳，给您孙女戴都合适。"导游边说边把项链往大爷的口袋里塞。见大爷还是不情愿，导游气得面红耳赤，大声吼道："各位，小弟我养家糊口也不容易，希望大家能够理解。大家都是出来游玩的，不想发生不愉快吧？今天我就把话撂在这，谁要是不给面子，我也不能保证大家的安全！"随即不知从哪儿出来几个彪形大汉。年老体弱的大爷被导游突如其来的举动吓住了，连忙往后退了两步，一个踉跄没站稳，跌倒在地。可怜的大爷两眼含着泪花，又害怕再被导游骂，始终不敢说话。

对"强买强卖"说"不"！

这时，在一旁的龙爸爸实在看不下去了，他大步走上前质问导游："你这是强买强卖！人家大爷明明不想要，你非要硬卖给人家，做生意哪有像你们这样的？你以为我们不知道你们这点儿小把戏吗？车子抛锚，把我们都赶到这家店里来，再硬拉着我们购物，这都是你们事先串通好的吧？"大家也纷纷埋怨，一位叔叔说："你们是不是看我们好欺负想骗我们？"一位阿姨也跟着说："你们这做的叫什么事？哪有你们这样硬拉着人买东西的。"导游见状，还想再辩驳些什么，可还没等他开口，龙爸爸接着说："你们要是再这样，我可就要报警了，你可要想清楚了！"其实，江妈妈已经偷偷地躲在一边拨打报警电话了。江小北和龙小山站在妈妈前面打掩护。导游可能觉得这一车人比较难缠，不好对付！万一情绪激动，做出点什么出格的事情那可就不好收场了，于是转而说道："你们不要以为人多,我就害怕。既然大家不愿意在这里买,我也不强求,我们可以去别的地方再看看。"龙爸爸说:"我看也不必了,明天就回去了,今天大家还要回酒店收拾一下。你还是先打电话问问司机怎么样了吧!"听到这里,导游只好打电话给司机师傅说来接游客。大伙儿等了没几分钟,就看到大巴缓缓驶来。大家上了车,去"农家乐"游玩了,一路相安无事。

回到酒店后,大家纷纷向政府有关部门投诉,反映今天的遭遇。旅游公司的负责人在调查清楚以后给大家道了歉,并对导游进行了处罚和更换。晚上吃饭时,龙小山问龙爸爸:"爸爸,当时你不害怕吗?他们看上去好凶呀。"龙爸爸哈哈一笑,说道:"说实话,我还真有点儿害怕,但当时如果没有人站出来,他们可能就要得逞了。不过,他们应该比我更害怕,毕竟他们是在犯法,做贼心虚是正常的。只要我们足够团结,就不怕。"龙小山兴奋地说:"对,我以后要向爸爸学习,敢于对这种强买强卖行为说'不'!"这时,江妈妈在旁边说:"你还小,要注意保护好自己,与坏人作斗争更要注意方式、方法,要智取,不要强攻!""对,我要立刻报警,让警察叔叔把他们都带走。"龙小山一边说,一边用手比划成枪,学起了警察叔叔的样子。全家都被龙小山逗得哈哈大笑。

对"强买强卖"说"不"！

常警官说

我们每天都在进行各种各样的交易活动，但交易一定要公平，而公平的前提是自愿。如果商家强买强卖，无疑侵犯了消费者的合法权利。面对强买强卖，我们不可忍气吞声接受商家的不合理要求，应当坚决予以拒绝。但如果人身安全受到威胁，则不宜与对方硬碰硬，而是应当与之周旋；必要时可先顺从对方，找准时机在第一时间报警，向警察叔叔说明情况；也可保留好相关的证据，向有关部门投诉维权，要求取消交易，退货退款。正如故事里所说的，如果团结起来对强买强卖行为说"不"，那么这种丑恶现象就会越来越少。

法条链接

《中华人民共和国民法典》

第一百五十一条 一方利用对方处于危困状态、缺乏判断能力等情形，致使民事法律行为成立时显失公平的，受损害方有权请求人民法院或者仲裁机构予以撤销。

第一百五十五条 无效的或者被撤销的民事法律行为自始没有法律约束力。

对"强买强卖"说"不"！

思考与讨论

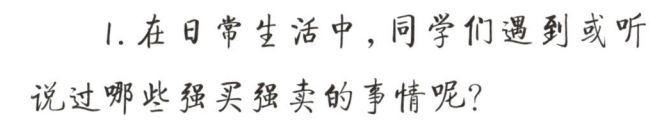

1. 在日常生活中，同学们遇到或听说过哪些强买强卖的事情呢？

2. 请同学们开动脑筋想一想，强买强卖的原因可能是哪些呢？

9

理性消费勿冲动

转眼间又到了一年一度的"双十一"购物节，线上线下都开始进行促销活动，一派红火的样子。这天江妈妈路过小区门口的超市，被超市门前大大的优惠活动广告吸引住了，于是走了进去。江妈妈本想只购买一些日常用品，但为了享受"满额返减"的折扣，左拿一个，右拿一个，不知不觉间，东西已经堆满了整个购物车。最后江妈妈觉得实在拿不下了，才高高兴兴地结完账，拎着"战利品"回家了。

回到家江妈妈一边向大家分享今天的战果，一边着手整理这些东西，吃的、穿的、用的……应有尽有。江小北好奇地凑过来，发现妈妈还买了好多她爱吃的零食！要知道平时妈妈担心她吃太多零食可是很少买的。"妈妈真好！妈妈辛苦了！我来收拾吧！"江小北高兴地开始帮忙。这时龙爸爸也回家了，看着眼前的场景惊呆了，问道："怎么买这么多东西啊？发奖金啦？这些东西家里

理性消费勿冲动

都有啊,上次买的都还没用完呢!""哎呀,今天是'双十一'促销,我看优惠力度特别大就顺便买了,省了好多钱呢!"江妈妈虽然嘴上不甘示弱地回应,但也开始意识到存放问题了。

吃过晚饭后,江妈妈开始整理买来的东西,江小北也来帮忙。"妈妈,这火腿肠还有1个月就到期了,你买10袋,咱们能吃完吗?"龙爸爸打趣说道:"能,一天3顿,每人每顿都吃两根,应该没问题。"龙小山穿起一件短袖,说:"妈妈,这个衣服有点小,穿着很不舒服。""你先脱下来,一会儿我去换。"江妈妈开始意识到,有些东西可能确实是冲动消费了。晚上,江妈妈怎么也睡不着,思来想去,她决定第二天把一些东西退掉。

第二天下班后,江妈妈拿着东西来到超市,提出退货的请求。

"商品都还未拆封应该可以7天无理由退货吧？"结果超市的工作人员却表示不能退货。

江妈妈很是不解："那为什么我网购都可以退货，超市反而不行呢？线下退货不是更快更方便检验吗？"超市的工作人员解释道："网购商品除特殊商品外，消费者可以在商品到货后7天内无理由退换，这是每个消费者的权利，有法律规定。而对实体店则没有这个规定，线下交易完成后除商品有质量问题外一般是不能退货的。"

江妈妈听后很懊悔自己的一时冲动，龙爸爸安慰她："没关系，这次就当是买了个教训，还能给江小北当一回反面教材。"

常警官说

《民法典》对线下购买的商品的任意退换进行了一定程度的限制,这种限制是为了使买卖合同能够顺利进行,避免部分消费者滥用退换权利妨碍交易,进而损害卖方利益。同时,《民法典》设置了较为明确的买卖合同的解除条件,包括商品出现质量问题等,这也是交易中贯彻诚信原则的一种表现。《民法典》这种规定实质上是对买卖双方合法权益的保护以及对市场经济秩序的维护,有利于交易顺利进行,进而促进经济发展。

法条链接

《中华人民共和国消费者权益保护法》

第二十四条 经营者提供的商品或者服务不符合质量要求的,消费者可以依照国家规定、当事人约定退货,或者要求经营者履行更换、修理等义务。没有国家规定和当事人约定的,消费者可以自收到商品之日起七日内退货；七日后符合法定解除合同条件的，消费者可以及时退货，不符合法定解除合同条件的，可以要求经营者履行更换、修理等义务。

依照前款规定进行退货、更换、修理的，经营者应当承担运输等必要费用。

第二十五条　经营者采用网络、电视、电话、邮购等方式销售商品，消费者有权自收到商品之日起七日内退货，且无需说明理由，但下列商品除外：

（一）消费者定作的；

（二）鲜活易腐的；

（三）在线下载或者消费者拆封的音像制品、计算机软件等数字化商品；

（四）交付的报纸、期刊。

除前款所列商品外，其他根据商品性质并经消费者在购买时确认不宜退货的商品，不适用无理由退货。

消费者退货的商品应当完好。经营者应当自收到退回商品之日起七日内返还消费者支付的商品价款。退回商品的运费由消费者承担；经营者和消费者另有约定的，按照约定。

理性消费勿冲动

思考与讨论

1. 当我们发现在超市购买的物品存在质量问题时,该怎样维护合法权益呢?

2. 如果江妈妈通过网络购买物品,到货后又不想要了,她可以退货吗?如果可以退货但卖方拒绝,那江妈妈该怎么做呢?

10

闹心的二手车

龙爸爸最近考取了驾照,想买车了。朋友建议先买一辆二手车练练手,万一有了小剐蹭也不心疼。龙爸爸觉得有道理。龙爸爸在朋友圈看中了一家车行在售的一辆二手车,心生喜爱,于是在微信上和车行老板了解了这辆车的基本信息。龙爸爸和江妈妈商量了一下,准备隔天去店里查看。第二天,龙爸爸和江妈妈来到车行,车行老板热情地接待了他们,带他们去看网上看好的二手车。龙爸爸检查了这辆二手车的外观与内饰,将车开出去溜了一圈。这时,龙爸爸突然想起网上二手事故车的新闻,担忧地问车行老板:"这辆车有没有发生过事故?"车行老板信誓旦旦地说:"我们这里的车都是保质保量的,你们放心吧。"龙爸爸和江妈妈觉得满意,价格也划算,就和车行老板签订了合同,并且在合同中特别注明"保证该车不是事故车"。龙爸爸办理完了相关手续,将车提回了家。

闹心的二手车

　　一个周末的下午，龙爸爸在行人和车辆较少的平坦道路上练车。龙爸爸往后倒车时没注意一旁的树枝，车被树枝划了一条比较深的划痕。龙爸爸开车去4S店修理，店员计算了修理费用，龙爸爸惊讶地说："怎么会这么贵，就是小剐小蹭而已呀。"店员向龙爸爸解释："经过检查，这辆车之前出过事故，有些地方需要再次修理。"4S店的记录显示，这辆车在几年前出过事故，有保险公司的出险记录。车辆多处配件更换过，最严重的是左前纵梁也有整形。一般来说，"梁"的变形基本会被判定为"事故车"，这令龙爸爸无法接受。

　　当天，龙爸爸带着4S店的维修保养记录以及保险公司出险记录找到车行老板，气愤地说："你当初向我们承诺这辆车的质量，结果是辆事故车，幸亏我发现得早，不然我和我的家人安全都不能保证。"龙爸爸强烈要求老板全额退款并赔偿。老板不以为然："当初车行对车的情况进行检查，车辆可以正常行驶，我也不知道车辆发生过事故呀。况且，出了事故只要修好就行了嘛！谁说事故车一定有安全问题的？"龙爸爸拿出事故车以前的保险公司出险记录，说："这是出险记录，对车辆的检查应当包括出险记录，你们作为专业经营者，不可能不知道。你们要么根本没有检查，要么可能检查出来了却隐瞒了真实情况。"老板见状心虚地说道："那好吧，我可以退车款，但是我当初收购这辆车办手续、办证件也花了钱，我只能退一半的车款。"龙爸爸见与车行老板交涉了半天也没有结果，于是先离开了车行。

龙爸爸与江妈妈商量道："看来这事不能和老板协商解决了，

我们必须向市场监管部门或者消费者协会投诉。"他们将当初的购车合同、交易记录、质量保证书等材料收集好后向当地市场监督管理局投诉。市场监督管理部门的工作人员对此事进行了调查，发现这家二手车行收购时对二手车质量把控不严格，许多车辆来源不明，于是对这家车行进行罚款并责令其限期改正。消费者协会的工作人员把龙爸爸和车行老板叫到一起，对此事进行调解。消费者协会的工作人员认为，车行既然在合同中写明了不是事故车，就应当对此承担责任。车行老板认识到了自己的错误，龙爸爸也主动提出按照租车费用支付给车行车辆的折旧款。两者相抵，龙爸爸最终拿回了大部分的车款。

常警官说

"诚信者，天下之结也。"这句话出自《管子·枢言》，意思是恪守诚信，是天下行为准则的关键。无论是作为企业还是作为个人，都要坚守基本的诚信。面对纷繁复杂的社会生活，诚信原则促使当事人用善意的方式行使权利、履行义务，在不损害他人权益和社会利益的前提下追求自身利益的最大化。《民法典》将诚信作为基本原则，有助于倡导诚信道德规范，弘扬积极向善的传统文化。这是法律最大程度地贴近于道德，体现了《民法典》蕴含的满满善意，体现了党和国家的民本情怀。

法条链接

《中华人民共和国民法典》

第五百八十四条 当事人一方不履行合同义务或者履行合同义务不符合约定，造成对方损失的，损失赔偿额应当相当于因违约所造成的损失，包括合同履行后可以获得的利益；但是，不得超过违约一方订立合同时预见到或者应当预见到的因违约可能造成的损失。

第六百一十条 因标的物不符合质量要求，致使不能实现合同目的的，买受人可以拒绝接受标的物或者解除合同。买受人拒绝接受标的物或者解除合同的，标的物毁损、灭失的风险由出卖人承担。

第六百一十五条 出卖人应当按照约定的质量要求交付标的物。出卖人提供有关标的物质量说明的，交付的标的物应当符合该说明的质量要求。

思考与讨论

1. 当我们在网上买到的东西与描述的不符时，应该怎么办？

2. 长时间的线上学习加上小明没有及时休息眼睛，造成视力下降，于是，小明的妈妈带小明去配眼镜。店员带小明去测视力。挑选好眼镜并付款后，二人离开了眼镜店。几天后，小明觉得自己头晕目眩，去医院检查才发现是眼镜的度数不合适。小明和小明的妈妈这时应该怎么办呢？

11

两位"小江女士"

学校举办亲子活动，江小北一家排练了一个节目，江妈妈为此在网上买了一套恐龙卡通亲子装。几天后，忙碌了一早上的江妈妈匆匆地打开手机，发现小区快递代收点发来了短信，原来是亲子装已经送到快递代收点了。于是，江妈妈让江小北和龙小山下午放学后把快递取回家。一想到周末就可以穿上亲子装到学校表演节目，江小北和龙小山十分激动。放学后，期待已久的江小北和龙小山一溜儿小跑奔往小区快递代收点取快递，却被快递代收点工作的刘阿姨告知快递已经被取走了。这就奇怪了！

"妈妈，咱们的亲子装'失踪'了！"江小北和龙小山沮丧地回到家告诉妈妈。江妈妈觉得这事儿挺蹊跷，于是拨通了卖家留的联系电话。在听完江妈妈的描述后，卖家认为这事儿不归他们管，因为这并不是衣服的质量问题。接着，江妈妈又拨通了快递公司的电话，电话那一头答道："派件的时候您的电话没打通，虽然地址上填的可能是您的住址,但按照公司的派件习惯,我们的派件员已经在今天早上把快件放到您小区楼下的快递代收点了,相当于您本人收到了。其他的事情也不归我们管。"

打完这两通电话,急性子的弟弟龙小山恼了:"这不就是在'踢皮球'嘛!"江小北安慰弟弟:"先别急,也许问题出在快递代收点那儿,我们再去快递代收点问清楚。"于是,姐弟俩拿着妈妈的手机再次来到快递代收点,想跟快递代收点值班的刘阿姨再次核实一下出库信息。刘阿姨还以为这两个小家伙儿来找碴儿呢,瞪了他俩一眼,漫不经心地答道:"就算按照你们手机上的物流信息,你们这件快递也已经出库了呀!看,这儿还有出库时间,你们一定是中午来取了快递。""可……可是,我们的确没有收到快递呀！"龙小山委屈地说道。

正说着，从外面走进来一位叔叔。"小朋友，你们是有什么困难吗？"这个叔叔一边把手上的东西放下，一边问道。于是，龙小山把商家"踢皮球"的过程跟这个叔叔一五一十地描述了一遍。"别急哦，叔叔来帮你们看看怎么回事。小朋友，你们妈妈填的收件人名字是什么呀？"叔叔问道。

江小北看看手机里的信息说："她应该填的是'小江女士'。"

"是'小江女士'对吗？"叔叔看起来有点惊讶，连忙坐在电脑前核对今天中午到下午的出库信息，"中午是我在这值班的，这位女士我有印象，大中午来取的快递呢。当时就她一个人来。"

"这就奇怪了，我们的妈妈中午没来取快递呀，"江小北感到很疑惑，"可是单号也正是这个，快递的取件码是'5－1－1001'对吗？"叔叔又走到货架台前，按照取件码找了一会儿，的确没有找到标有"5－1－1001"的快递，却无意间瞥见货架同层的另一端竟然还有一个收件人为"小江女士"的快递，而标识的取件码是"5－1－1007"。叔叔一拍脑袋，似乎明白了什么："坏了，我中午出库时一定是给错件了。"他向江小北和龙小山道歉："这份快递虽然取件人写的是'小江女士'，但联系电话和你们的不同。看来，小区里还住着另一位重名的'小江女士'！这样，你俩先别着急，留个电话吧，等我问清楚后一定第一时间和你们联系。"

两位"小江女士"

这时，一位女士匆匆赶来，气冲冲地走到前台要求退货："我买的明明是一件大衣，这商家居然给我寄四件亲子装，还死不承认！""寄错"的快递……叔叔立刻联想到了这位客人的身份，连忙向这位正在气头上的客人道歉："您应该就是'小江女士'吧，很不好意思，是我们的疏忽让您取错了快递，给您添了这么多麻烦……"

"阿姨，这应该是我们的快递。"看见这四件亲子装正是妈妈挑的那款，原以为快递无法找回的江小北顿时来了精神。"小江女士"愣了一下，赶忙低头看了一下包裹的标签，发现上面的电话果然不是自己的。了解了事情的来龙去脉后，这位"小江女士"的气也消了一半。快递代收点的叔叔继续说道："这事是我们弄错了，我们给您一张消费券，下次您来寄快递免费。""小江女士"一下子不好意思了，连忙摆手说："没事没事，我要当时看一下，也没这事了。""阿姨，你知道为什么叔叔会搞错吗？因为我妈妈也叫'小江女士'！"一旁的龙小山见状连忙说道，"诺，她来了。"原来江妈妈不放心姐弟俩也赶来了。得知事情的原委后，两人连忙握手表示有缘，还互相加了微信。一场误会就在欢笑声中化解了。

常警官说

《民法典》充分保护消费者的合法权益。通过互联网等信息网络订立的电子合同成立于消费者选择该商品或者服务并提交订单成功之时,但这并不意味着网络商家仅需对商品本身的质量负责。事实上,网络商家需要承担商品从运输到交付过程中毁损、灭失的风险。若快递在签收前丢失,我们作为消费者,有理由要求网络商家赔偿已支付的价款;如果能确认是快递公司的失误导致的,则网络商家可以要求快递公司赔偿损失。

快递员将快递放到代收点保管，之后具体由谁负责，主要看有没有经过我们的同意。如果确定包裹在代收点丢失，我们可以请求快递代收点或者快递员找回或者赔偿相应的损失。如果出现错拿包裹的情况，错拿的人也有义务返还。网络时代，我们更要掌握相关的法律知识，维护自己的合法权益。

法条链接

《中华人民共和国民法典》

第五百一十二条 通过互联网等信息网络订立的电子合同的标的为交付商品并采用快递物流方式交付的，收货人的签收时间为交付时间。电子合同的标的为提供服务的，生成的电子凭证或者实物凭证中载明的时间为提供服务时间；前述凭证没有载明时间或者载明时间与实际提供服务时间不一致的，以实际提供服务的时间为准。

电子合同的标的物为采用在线传输方式交付的，合同标的物进入对方当事人指定的特定系统且能够检索识别的时间为交付时间。

电子合同当事人对交付商品或者提供服务的方式、时间另有约定的，按照其约定。

第六百零四条　标的物毁损、灭失的风险，在标的物交付之前由出卖人承担，交付之后由买受人承担，但是法律另有规定或者当事人另有约定的除外。

思考与讨论

1. 当我们网购的商品丢失时，应该如何处理？

2. 快递员未经小红同意将小红的快递放在小区门口超市的货架上。第二天小红来取快递时，发现快递找不到了。小红应该怎么办呢？

12

欠钱要还，诚信为人

今天是星期天，也是"快乐月末"，学校没有布置家庭作业。爸爸妈妈利用这个机会发动全家大扫除，江小北和龙小山当然"义不容辞"地加入了这场"爱家卫生运动"。妈妈负责洗衣服、被子；爸爸负责扫地和拖地；江小北和龙小山一起负责擦灰尘及整理书籍与玩具。大家分工有序，忙得不亦乐乎。

看到电视机很久没擦了，后面全是灰尘。江小北对龙小山说："你把电视机柜往外拉拉，我来把后面打扫一下。"

"好嘞！"龙小山一边说，一边用力把电视机柜往外挪。

"这是什么啊？"龙小山从电视机柜后的地上捡起一张纸，上面写着字。龙小山一边看，一边大声喊道："爸爸妈妈，这个是什么啊？还有用吗？"江妈妈放下手中的衣服走过来，拿起一看，说："哎呀，原来在这，可找到了。龙爸爸，你过来一下。"龙爸爸听到后也走过来，拿起纸条一看，说："好，这下就好办了……"

民法典：社会生活的百科全书

龙小山好奇地问："这是什么啊？很有用吗？"江小北也好奇地看着爸爸。爸爸于是向姐弟俩讲述了这张纸条的由来。

萧阿姨是江妈妈的小学同学，和她丈夫萧叔叔二人一起经营着一家小五金厂，雇了几个工人帮忙生产。大概4年前因为经济大环境不好，生意不景气，资金运转出现了一些问题。当时，萧阿姨找到了江妈妈，希望江妈妈借自己5万元，帮助小五金厂渡过难关。当时萧阿姨保证，一旦五金厂生意好转，钱马上还给江妈妈，最多不出3个月。

江妈妈见这么多年的老同学找自己开口借钱，不好意思拒绝，而且萧阿姨经常和自己提起小五金厂生意不错。于是，江妈妈和龙爸爸商量后，便同意借钱给她。但江妈妈当时也没有那么多钱，

欠钱要还，诚信为人

就凑了1万元给了萧阿姨，萧阿姨当场写下借条："萧阿姨2018年4月20日向江妈妈借钱1万元，3个月内还清。"

"那这借条怎么在这里啊？"

江妈妈接过话继续讲述。

签字的时候两人都觉得这笔钱不会欠很久，谁知小五金厂的未来却一路坎坷。

3个月一晃就过去了。转眼已经过了还款日期好几天，萧阿姨一点儿动静都没有。江妈妈于是打电话给萧阿姨，没想到萧阿姨抢在江妈妈开口之前说道："哎呀，真是不好意思，今年经济不景气，厂里的货款一天比一天难收回来。你看这钱能不能再缓两天，年前我们收回货款，一定亲自送上门。"江妈妈也没有办法，只能同意并安慰萧阿姨两句。

几个月后，年底快到了，萧阿姨仍然不提还钱的事。江妈妈便找了个休息日来到萧阿姨的厂里，却见萧阿姨愁容满面地坐在办公室里。江妈妈拿着欠条反而有点不好意思，勉强开口询问借的钱什么时候能还上。萧阿姨说马上快春节了，厂里要发工资、还货款，外面有几家店一直欠债不还，能不能再拖一拖，年后恢复生产了一定还钱。看到厂里惨淡的景象，江妈妈也只能勉为其难地说道："明年3月底一定要还啊。"

民法典：社会生活的百科全书

萧阿姨满口答应。可谁也没想到，五金厂没能坚持下来，倒闭了。江妈妈几次打电话给萧阿姨，起初萧阿姨还找借口敷衍两句，到后来干脆就不接电话了。

"这么长时间了，萧阿姨还会还钱吗？"龙小山问道。

"对呀，上次有一位法官阿姨来我们学校给我们上法治课，讲过权利要及时行使，如果超过一定时间，权利就没有啦。"江小北着急地说。

"你说的那是诉讼时效吧？"龙爸爸一边继续拖地一边说，"不过有一点你可能理解错了，诉讼时效的意思是如果权利超过一定时间不去行使，那可能就得不到法律的保障了，但这并不意味着我们失去了权利。比如，对方主动还钱给我们了，我们还是可以收下的。而且如果我们在这段时间内一直向对方主张权利，那我们的权利就不会超过诉讼时效。"

"萧阿姨赖着不还钱真不好耶！"

"也不能这样武断。欠债还钱当然是诚信做人的要求，但也许人家真的有难处呢？"

"有难处可以说啊，那也不应该不接电话吧？"

爸爸想了一下，对江妈妈说："小北说得也有道理。你抽空再联系一下萧阿姨吧。如果她还是不理我们，我们就走法律途径解决，毕竟这样拖下去也不是长久之计。更何况小山今天立了大功，帮我们找回了重要的证据。"说完龙爸爸看了龙小山一眼，龙小山这下别提多自豪了！

常警官说

民间借贷是日常生活中经常遇到的问题，而诚信正是民间借款行为的根基。在没有第三人担保的情况下，民间借贷合同因双方互相信任而订立生效。古语有言"一诺千金"，欠债还钱亦是诚信之本。

《民法典》中规定的诉讼时效期限一般为3年。我们应当在诉讼时效期间内积极行使自己的权利，勇敢地向对方主张。

"言必信，行必果。"践行中华传统美德，遵守法律规范，从诚信做起。

法条链接

《中华人民共和国民法典》

第一百八十八条　向人民法院请求保护民事权利的诉讼时效期间为三年。法律另有规定的，依照其规定。

诉讼时效期间自权利人知道或者应当知道权利受到损害以及义务人之日起计算。法律另有规定的，依照其规定。但是，自权利受到损害之日起超过二十年的，人民法院不予保护，有特殊情况的，人民法院可以根据权利人的申请决定延长。

第一百九十五条　有下列情形之一的，诉讼时效中断，从中断、有关程序终结时起，诉讼时效期间重新计算：

（一）权利人向义务人提出履行请求；

（二）义务人同意履行义务；

（三）权利人提起诉讼或者申请仲裁；

（四）与提起诉讼或者申请仲裁具有同等效力的其他情形。

第六百六十七条 借款合同是借款人向贷款人借款，到期返还借款并支付利息的合同。

思考与讨论

1. 当别人向我们借钱时，我们应该明确哪些事项？

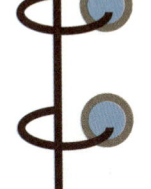

2. 小明三年级时借给同学300元，一直到六年级，同学也没有还钱，其间小明因为同学情谊没好意思开口，请问小明可以要回钱吗？

13

出租房的烦恼

周五傍晚,踏着夕阳的余晖,江小北背着书包悠闲地走在回家的路上。在小区楼道里,她听到楼上隐隐传来争吵的声音,不免心生疑惑。快到家时,江小北看见几个人正站在对面邻居家门口,怒不可遏。

张阿姨不愉快地说道:"要么你尽快帮我们把空调维修好!要么我们自己请人维修,但费用必须由你支付!我们租房合同里都写得很清楚,房屋设施维修由房东负责。"一个中年男人说道:"那你合同里的房东是我的名字吗?我们没有同意把房子再租给你,这个空调维修费我们肯定是不会出的。"双方始终僵持不下。

出租房的烦恼

这时有一个戴着黑色鸭舌帽的男子气喘吁吁地赶来。中年男人对他说:"我们没有同意把房子再租出去。你要么让他们搬出去,要么把房子里损坏的设施修理好,并且这个房子也不租给你了。"张阿姨一听更加着急了:"那我们住哪?我们是不会搬的。"戴着黑色鸭舌帽的男子说:"我已经付给你房租了,我有权利支配它。按照我们租房时的合同,这维修费用必须你们出。"天色渐晚,三方闹得不可开交,最终不欢而散。

这时候,江妈妈下班回来了,看见放学归来的江小北和站在门边愁容满面的张阿姨,江妈妈温柔地问:"张姐,怎么了?出什么事儿了?"江小北走过去邀请张阿姨来自己的家中:"阿姨,要不您来我们家,让爸爸妈妈帮您出出主意吧。"江妈妈也热情地招待张阿姨，耐心地听她倾吐内心的烦闷。原来，张阿姨是去年租的房子。真正的房东并不是和她签合同的王明亮，而是王明亮从李大伟那里租下这套房子后，又把它转租给了张阿姨。今天下午，真正的房东李大伟接到王明亮的电话，告知他负责维修出租屋内一台出故障的空调。李大伟到这才发现自己先前的房子被转租给了他人。江妈妈安慰着张阿姨，"咱下次租房子一定要仔细核查房东身份。对了，居委会的李阿姨好像懂法律，要不明天请她帮你们调解一下，想想怎么解决"。张阿姨点点头，感激不已："谢谢江妈妈和小北了。"

  第二天上午，三方同意协商解决。在居委会的会议室里，李阿姨在了解了事实经过后，耐心地安抚着各方的情绪："王明亮你私自转租房子，没有得到原房东的同意，他是有权要求解除房屋租赁合同的。虽说房屋内的设施维修费用一般由房东承担，但是你又把房子租出去了，这个费用就得你负责了。"最终，在李阿姨的调解下，各方互相体谅，达成一致。房东李大伟同意在房屋租赁合同约定的时间内由王明亮转租给张阿姨，空调维修费用以及日后的房屋设施必要维修费用由王明亮承担。三方对于这个处理方案都很满意。

终于，那间出租房又恢复了昔日的平静。

常警官说

房屋租赁是日常生活中的常见现象，由此引发的矛盾和纠纷屡见不鲜，纠纷的类型也五花八门。本案中的法律问题略显复杂，主要原因是"二房东"没有经过房东的同意将房屋擅自转租，当出现租赁物损坏的情况时，责任主体就难以确定了。为了避免矛盾和纠纷的发生，我们在租赁物品特别是租赁房屋时，首先要确定双方的身份，特别是房东的身份。其次要在租赁合同中明确而详细地约定双方的权利和义务。这样才能在遇到纠纷时做到有理有据。

法条链接

《中华人民共和国民法典》

第七百零八条　出租人应当按照约定将租赁物交付承租人，并在租赁期限内保持租赁物符合约定的用途。

第七百一十条　承租人按照约定的方法或者根据租赁物的性质使用租赁物，致使租赁物受到损耗的，不承担赔偿责任。

第七百一十二条　出租人应当履行租赁物的维修义务，但是当事人另有约定的除外。

第七百一十三条　承租人在租赁物需要维修时可以请求出租人在合理期限内维修。出租人未履行维修义务的，承租人可以自行维修，维修费用由出租人负担。因维修租赁物影响承租人使用的，应当相应减少租金或者延长租期。

出租房的烦恼

因承租人的过错致使租赁物需要维修的，出租人不承担前款规定的维修义务。

思考与讨论

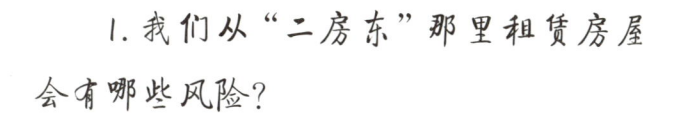

1. 我们从"二房东"那里租赁房屋会有哪些风险？

2. 小明家租了一套公寓。当出租房里的网络、水电等设施出现故障时，他能要求房东负责维修并支付维修费用吗？

14

姓氏如何定?

一个阳光明媚的周六下午,江小北和好朋友朱小明在小区中央广场跳绳。两人正在比赛看谁跳得多。她们俩互不相让,一时之间分不出胜负。不一会儿,江小北和朱小明就累得气喘吁吁了。休息一会儿之后,朱小明神神秘秘地对江小北说:"告诉你哦,我要改随外婆姓啦!"

姓氏如何定？

"为什么？"江小北疑惑地问道。

"因为我特别喜欢我外婆呀！"朱小明回答道。朱小明的家庭情况江小北是知道一些的。在朱小明很小的时候，她的爸爸妈妈便离婚了。听说妈妈嫁到很远很远的外地去了，朱小明一开始是和爸爸一起住，但后来爸爸又找了个老婆。朱小明不喜欢这个阿姨，便经常到外婆家住，不回爸爸家了。爸爸一开始还偶尔接朱小明回家，后来渐渐地也就随她去了。去年，爸爸因为一次意外事故去世了，朱小明之后就和外婆相依为命。不过改姓这事儿，江小北还是第一次听说。

"那可得和老师说一声吧？"江小北说。

"当然，不过得先去派出所登记一下，把户口本上的姓氏改过来，我外婆说的。"朱小明一边说，一边又拿起绳子跳起来。

回家以后，江小北一直在想朱小明改姓的事。吃饭时，江妈妈看出江小北心不在焉，问道："小北，是不是有什么心事啊？"

"没有没有。朱小明跟我说她要改随外婆姓，我只是觉得好奇。"江小北连忙摆手。

江妈妈好奇地说："有这事儿？"

江小北点点头："是的。妈妈，我有一个问题，我们班上的同学大多数随爸爸姓，弟弟也随爸爸姓，为什么我随妈妈姓呢？"

龙爸爸笑着说："中国的传统是随父姓，因为古代社会男尊女卑。现代社会男女平等了,子女随父姓或者随母姓都是可以的。"

江妈妈接过话茬:"你和弟弟之所以一个随我姓,一个随爸爸姓,是因为我和你爸爸早已经商量好啦,如果生了男孩就随爸爸姓,如果生了女孩就随我姓。你们俩都是爸爸妈妈的宝贝。"

"为什么朱小明还能随外婆姓呢?"

"小明情况比较特殊。她爸爸不在了,妈妈现在也杳无音信。外婆是她的直系长辈血亲,也是她的监护人。这种情况下她也可以随外婆姓。"爸爸解释道。

"我们老师说鲁迅原来姓周,他也改过名字。那他是跟谁姓啊?"龙小山一边吃饭一边问道。

"那是笔名!上课认真听讲!"江小北回答道。全家都被龙小山的问题逗乐了。一家人其乐融融地享受温馨的晚餐时光。

常警官说

在我国现实生活中有子女随父姓的习惯，但法律上子女也可以随母姓。这既体现出父母双方在决定子女姓氏这个问题上的平等地位，又对我国传统文化给予了充分尊重。在此基础上，《民法典》兼顾了社会风俗的发展变化与实际需要，灵活地规定了三种在父姓与母姓之外选取姓氏的例外情形。另外，对于少数民族的自然人，《民法典》规定其姓氏可以遵从本民族的文化传统和风俗习惯。

姓名一般是自然人出生时其父母确定的，但这不是对自我命名权的否定。实际上这是父母亲权的表现，是父母实施亲权的代理行为。自然人成年后，也可以通过法定的程序变更自己的姓名，还可以给自己起网名、笔名，这些都是我们行使姓名权的方式。

法条链接

《中华人民共和国民法典》

第一千零一十二条 自然人享有姓名权,有权依法决定、使用、变更或者许可他人使用自己的姓名,但是不得违背公序良俗。

第一千零一十五条 自然人应当随父姓或者母姓,但是有下列情形之一的,可以在父姓和母姓之外选取姓氏:

(一)选取其他直系长辈血亲的姓氏;

(二)因由法定扶养人以外的人扶养而选取扶养人姓氏;

(三)有不违背公序良俗的其他正当理由。

少数民族自然人的姓氏可以遵从本民族的文化传统和风俗习惯。

第一千零一十六条第一款 自然人决定、变更姓名,或者法人、非法人组织决定、变更、转让名称的,应当依法向有关机关办理登记手续,但是法律另有规定的除外。

姓氏如何定？

思考与讨论

1. 如果我们想要改姓，应该怎么做？

2. 邻居吕大叔给女儿起了一个既不随父姓也不随母姓的诗意名字——"北雁云依"，你觉得这个名字能够成功办理登记吗？为什么？

15

我的肖像我做主

周六下午，江妈妈在家里打扫卫生，电视里正放着少儿模特大赛的广告。江妈妈想起来江小北年龄正好合适，这也是一个锻炼孩子的好机会，就准备等晚上孩子回家和她商量一下。

晚饭后一家人坐在沙发上看电视，江妈妈对江小北说："小北，妈妈今天看见一个少儿模特大赛的广告，比赛就在下个周日，你想不想去试试呀？妈妈觉得挺适合你的，可以去锻炼一下自己，说不定还可以认识新朋友。"龙爸爸说："我觉得可以试一下，正好是周末，爸爸妈妈和弟弟可以陪你一起去。"小北在爸爸妈妈的鼓励下说："好呀，那我去试试。"江妈妈说："那明天妈妈带你去拍参赛照片。"

第二天上午，江妈妈带小北来到小区附近影楼拍参赛照片，影楼的工作人员热情接待了江妈妈和小北："请问您需要拍摄什么样的照片呀？"江妈妈说："我女儿要参加少儿模特大赛，需要拍摄参赛照片。"工作人员说："好的，我们的摄影师会根据您的需求安排的，到时候只要小朋友配合摄影师就好啦。"小北表现得很好，拍摄过程很顺利，照片也拍得很好。江妈妈拿到照片后及时寄给了节目组。小北顺利进入最终的决赛环节。

小北这一周一直在认真准备比赛。终于到了决赛的日子，江小北一家都去看小北的决赛了。小北表现得非常出色，拿到了少儿模特比赛的冠军。这场比赛有多家媒体进行跟踪报道，小北也成了一个小名人。

一天下午，江妈妈买菜时遇到了小北的好朋友兰兰的妈妈，兰兰妈妈热情地和小北妈妈打招呼："江妈妈，小北这下可是小名人了呀，我在杂志上都看见她了，还有咱小区楼下的影楼还挂着她的照片呢，这孩子真棒。"江妈妈回道："谢谢兰兰妈妈，不过他们用我们小北的照片怎么没和我们说一声呢？这可不能随便乱用。"兰兰妈妈说："这样呀，那你有空去问问吧，我还以为你知道呢。"

在吃晚饭的时候，江妈妈说："小北，今天妈妈买菜的时候遇到了兰兰妈妈，她说在杂志上看见你了，上次拍照的影楼还挂了你的照片。"小北高兴地说："真的吗？那是不是说明我表现得好呀？"龙爸爸说："对呀，小北这次表现得确实很好，下次也要努力哟。"江妈妈说："但是没有人和我们商量就擅自用了，我准备明天去问问具体情况。"小北疑惑地问："为什么不可以用呀？"江妈妈解释道："因为我们每个人都有肖像权，任何人使用我们的照片或者其他的影像资料都需要征得我们的同意。"小北说："妈妈，我明白了，那我和您一起去吧。"

隔天放学后，江妈妈带着小北来到上次拍照的影楼。工作人员一下子就认出小北来了，热情地说："小朋友，你现在是小明星啦，来拍照的吗？"小北指着橱窗里的照片说："阿姨，您能不能不要把我的照片放在橱窗里啊？我不想这样。"工作人员连忙解释道："不好意思呀，我们就是觉得这张照片很好看就挂了出来，是我们工作失误了，阿姨这就拿下来。"

我的肖像我做主

小北笑着说："我们有法治课，老师说过的，我的肖像我做主！"江妈妈听后，也欣慰地点点头。江妈妈随后又和杂志社进行了沟通，杂志社立刻对擅自使用照片的行为进行了道歉，并表示以后会杜绝此类行为。

常警官说

肖像作为公民的形象标志，与姓名一样是标明特定自然人的符号，反映特定自然人的形象特征，直接关系自然人的人格尊严与社会评价，与自然人的人格不可分离。肖像权是自然人所享有的对自己肖像上所体现的人格利益为内容的一种人格权。法律上的肖像为自然人人格的组成部分，某种程度上肖像所体现的精神特征可以转化或派生出公民的物质利益。法律保护公民的肖像，是基于肖像多方面体现了公民的精神利益、人格利益。肖像权是公民的人格权利，未经本人同意，任何人不得擅自使用、侮辱其肖像。

保护人格权，维护人格尊严是我国法治建设的重要任务。我国《民法典》将人格权设为独立的一编，对启蒙普及人格权观念、培养尊重人格尊严社会风尚具有重要意义。

法条链接

《中华人民共和国民法典》

第一千零一十九条 任何组织或者个人不得以丑化、污损，或者利用信息技术手段伪造等方式侵害他人的肖像权。未经肖像权人同意，不得制作、使用、公开肖像权人的肖像，但是法律另有规定的除外。

未经肖像权人同意，肖像作品权利人不得以发表、复制、发行、出租、展览等方式使用或者公开肖像权人的肖像。

思考与讨论

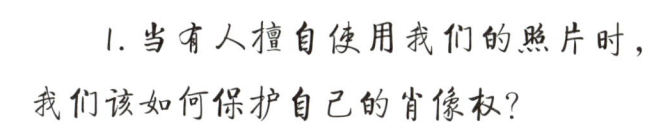

1. 当有人擅自使用我们的照片时，我们该如何保护自己的肖像权？

2. 在现实生活中，哪些情形属于侵犯肖像权呢？

16

我们都是祖国的花朵

"叮铃铃……"随着一阵清脆的下课铃声响起,语文课结束了,课代表江小北去老师办公室送作业本。徐老师正在办公室里备课,看到江小北来了,放下手中的笔,招呼江小北过去。徐老师是江小北的数学老师,也是她们班的班主任。

徐老师对江小北说:"小北啊,你知道小兰家在哪里吗?"

江小北说:"知道啊,我经常到她家玩。"

徐老师说:"那你晚上带我去她家看一下好吗?"

"出什么事了徐老师?"江小北关切地问道。

徐老师说:"今天小兰没有来上课。我在微信群、QQ群里联系了小兰的家长,没有得到回复,老师不放心,去她家看看是什么情况。""好的徐老师,放学后我来找您。"小北说完就回教室了。

放学后,徐老师和江小北一同来到小兰的家,可是敲了半天门也没有人答应。江小北突然想起来:"老师,我知道了,小兰可能

我们都是祖国的花朵

在她们家的餐馆里帮忙!""在餐馆帮忙?"徐老师疑惑地问。"对呀!徐老师,您不知道,小兰父母是开餐馆的,我们还到她们家的餐馆吃过饭呢。"于是,徐老师和江小北一同赶往小兰家的小餐馆。徐老师和江小北一边走,一边聊起了小兰的家庭。小兰并不是本地人,也不是现在的父母亲生的,而是被现在的父母收养的。现在的父母从农村老家来到城市,开了一家小餐馆维持生计。因为要照顾生意,所以对小兰的学习无暇顾及。因此,小兰学习成绩不佳,有时还会受到老师的批评,对学习也逐渐失去了兴趣和信心。

不一会儿,徐老师和江小北就来到小兰家的餐馆。果然小兰在里面。只见小兰扎着一个花围裙在给客人端菜。

更令人惊讶的是，另外一个同学小红也在里面帮忙。看到徐老师来了，小兰和小红的脸一下子红了起来，不知道该怎么办才好。愣了一会儿，小兰才想起来去后面厨房找来父母。小兰的父母连忙请徐老师坐下。徐老师问道："小兰今天怎么没有去上课啊？"小兰的父母一边给徐老师倒水一边说："女娃娃家识两个字就行了，反正成绩也不好。她说她今天不舒服，我们就没让她去。""那可不行啊！义务教育是法律规定的，任何适龄儿童都要去上学。作为父母你们是有责任的。"小兰的父母连声称是。

"那你呢？小红，你怎么也不去上学？"徐老师转身问道。

小红憋了半天说："我没有钱交餐费。"原来上周学校通知每个同学要交午餐费。小红的家里比较特殊。妈妈没有结婚就生下了小红，小红一直由外婆带大，家庭比较贫困。徐老师一把拉过小红，边帮她整理头发，边对两个小姑娘说："你们两个明天必须去上课，不许再无故旷课了，其他事情由老师来想办法。现在老师来辅导你们做功课。"

第二天的班会上，徐老师深情地说："同学们，你们来自不同的家庭，可能有的同学家里的情况比较特殊。但无论是什么样的情况，大家都有平等的权利，包括受人尊重的权利，获得帮助的权利，特别是受教育的权利。同学之间应当团结友爱，不能因为个别同学的家庭环境而歧视、欺负他们。我们应该多多帮助他们。大家说对吗？"全班顿时响起了热烈的掌声。江小北回头看了小兰和小红一眼，只见她俩的眼眶里闪烁着幸福的泪光……

常警官说

家庭是社会的基本组成单位，每个家庭的构成不尽相同。父母与非婚生子女、养父母和养子女、继父母和继子女等都是家庭成员的组成方式。无论是哪种组成方式，孩子都是祖国的花朵、未来的栋梁，利益应当得到特别的、平等的保护。《民法典》确立了养子女、非婚生子女等享有和婚生子女同等权利的原则，这样规定有利于孩子健康、茁壮地成长！

法条链接

《中华人民共和国民法典》

第一千零七十一条　非婚生子女享有与婚生子女同等的权利，任何组织或者个人不得加以危害和歧视。

不直接抚养非婚生子女的生父或者生母，应当负担未成年子女或者不能独立生活的成年子女的抚养费。

第一千一百一十一条　自收养关系成立之日起，养父母与养子女间的权利义务关系，适用本法关于父母子女关系的规定；养子女与养父母的近亲属间的权利义务关系，适用本法关于子女与父母的近亲属关系的规定。

养子女与生父母以及其他近亲属间的权利义务关系，因收养关系的成立而消除。

我们都是祖国的花朵

思考与讨论

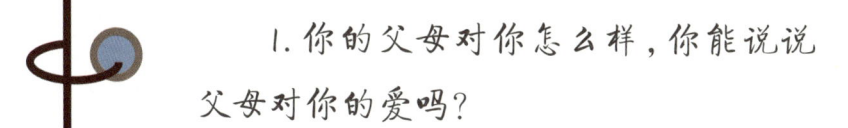

1. 你的父母对你怎么样，你能说说父母对你的爱吗？

2. 说说你对"平等"的理解。

17

遗产如何继承

一个阳光明媚的星期天下午，江小北和好友兰兰打完羽毛球后一同回来。刚进小区就看到路边停着一辆警车，江小北心中不由一惊，难道自己家楼下又出事儿啦？

想到这里，江小北的心里就五味杂陈。一楼是张爷爷家。张爷爷人可好了，小时候经常逗江小北玩。江小北长大一点了，张爷爷还教江小北下象棋、写毛笔字。偶尔江小北忘记带钥匙，没有办法回家，张爷爷就把江小北叫到自己家做功课。江小北十分喜欢张爷爷，经常去张爷爷家玩。龙爸爸和江妈妈与张爷爷关系也挺好的，有时候张爷爷家里有什么东西坏了，龙爸爸就帮着修一下。江妈妈做了好吃的，也会让江小北拿一些送给张爷爷尝尝，两家人处得和一家人似的。

可是自打去年冬天张爷爷生病以来，张爷爷的家里就经常有人吵架，时不时地还会惊动警察。打那时候起，爸爸妈妈就不让江

遗产如何继承

小北去玩了。上个月张爷爷不幸离世，可是吵架却没有断过。今天十有八九又是这样。果然，等江小北来到单元门口，发现张爷爷家来了好多人，社区、居委会和派出所都来人了。一个男子激动地大喊："你们少管，这是我家的事情！你们走开……"

江小北一边看着混乱的人群，一边迈着沉重的脚步回到家里。小北对正在看书的龙爸爸说："张爷爷家怎么老吵架呀？"龙爸爸没有作声，倒是江妈妈回答道："大人的事，小孩儿少管。"江小北是个较真的人，缠着爸爸问道："你给我说说嘛！张爷爷人那么好，为什么家里却经常吵架呢？"爸爸的目光没有离开手中的书："为了楼下那套房子！"

"房子？"

"是的，"爸爸放下手中的书接着说道："张爷爷有个儿子你知道吗？"

"就上次差点动手打人的那个叔叔啊？现在还在楼下呢！"

"嗯，这个儿子没有考上大学，就去外地打工了，一直也没回来。去年张爷爷生病了，这个儿子就回来要你张爷爷写遗嘱，把房子留给自己。可是张爷爷还有一个女儿，生病期间全是女儿照顾，据说看病的钱也都是女儿出的。于是，张爷爷临终前留下遗嘱，将房子留给了女儿。"

"那不结了嘛，张爷爷儿子凭什么要房子呢？"

"这个儿子认为张爷爷的女儿是收养的，没资格继承，而且他还怀疑张爷爷的女儿在遗嘱上动了手脚，遗嘱是伪造的。"

"啊？张爷爷女儿是收养的啊？"江小北惊讶地说。从她记事起，张爷爷从未在外人面前提起过他女儿是收养的，这是她第一次听说这件事。不过江小北觉得这套房子还是应该归张爷爷女儿所有。

"虽然张爷爷女儿是收养的，但她对张爷爷好，房子应该归女儿。"龙爸爸笑着摸着江小北的头说："事情可没你们小孩子想象得那么简单。张奶奶不是还在嘛，所以房子首先有张奶奶一半儿，这叫作夫妻共同财产。张爷爷的那一半儿，因为有遗嘱，所以原则上应当归张爷爷女儿所有。""所以养女也有继承权，对吗？"江小北抢着说,"我也没说错啊。"

"真聪明,一点就通。"龙爸爸表扬了江小北。

"可是如果遗嘱是假的呢?"龙小山在旁边插嘴,"电视上演过的!"

"那可以通过法院来解决呀,大吵大闹是解决不了问题的。"江妈妈一边端菜,一边说道。

"对,我们老师说要讲文明,懂礼貌。"

"好了,过来吃饭了。"江妈妈招呼大家。

晚上,江小北躺在床上怎么也睡不着,她想起了下午发生的事情,想起了爸爸的话,更想起了张爷爷的音容笑貌,不知不觉地流下了眼泪。

常警官说

自然人的财产受法律保护。自然人去世后，其生前取得的合法财产可以被继承人继承。在继承人的范围上，配偶、子女和父母等近亲属都有继承权，其中，子女包括婚生子女、养子女、非婚生子女以及形成扶养关系的继子女。从继承方式上看，继承又有遗嘱继承和法定继承之分。如果被继承人留下了合法有效的遗嘱，那么遗产首先应当按遗嘱进行分配。没有遗嘱、遗嘱无效的或者遗嘱没有处分的财产适用法定继承。本案中，张爷爷的儿子能否取得房子的继承权取决于遗嘱是否有效，即便张爷爷的儿子有继承权，也不能获得全部房产，因为张爷爷的老伴儿和养女也有继承权。

法条链接

《中华人民共和国民法典》

第一千一百一十一条第一款　自收养关系成立之日起，养父

遗产如何继承

母与养子女间的权利义务关系,适用本法关于父母子女关系的规定;养子女与养父母的近亲属间的权利义务关系,适用本法关于子女与父母的近亲属关系的规定。

第一千一百二十三条 继承开始后,按照法定继承办理;有遗嘱的,按照遗嘱继承或者遗赠办理;有遗赠扶养协议的,按照协议办理。

第一千一百二十六条 继承权男女平等。

思考与讨论

1. 假如张爷爷去世时没有留下遗嘱,房子该如何分配呢?假如张爷爷有个孙子,孙子能作为继承人继承财产吗?

2. 对于家庭纠纷,你觉得应当采取什么样的方式解决比较好?为什么?

18

免费的交通车

　　江小北在幼儿园时结识了一个非常要好的小伙伴——孙小美,两人在幼儿园时便形影不离。毕业后,她们又进入了同一所小学。由于住在同一个小区,两家人经常一起聚餐,关系十分融洽。

　　这天下午,天际边滚来了团团乌云,倾盆大雨从天而降。孙小美的爸妈都在公司临时加班,只能拜托江妈妈代为接孙小美回家。

　　江妈妈欣然同意。接上孩子们以后,江妈妈像往常一样开着车回家,没想到路边突然冲出一辆车,江妈妈踩刹车已经来不及,只好猛打方向盘,"砰"的一声撞上了路边的花坛。

　　"啊!"孙小美惨叫一声,"我的头好疼。"

　　江妈妈惊魂未定,赶紧下车查看:"小美你怎么了?让你系好安全带,怎么自己解开玩了!我赶紧送你去医院检查一下!"

免费的交通车

经过仔细检查,发现交通事故造成孙小美轻微脑震荡,无须住院治疗。经交警大队认定,突然冲出的车辆在这次交通事故中应当承担主要责任,江妈妈承担次要责任。

孙小美的父母听闻此事，以最快的速度赶到了医院。江妈妈一脸歉意地对他们说："太不好意思了，今天的事虽然是个意外，但也是我太大意了，没能照顾好小美，我愿意赔偿小美的医疗费。"

孙爸爸连连摆手："不用不用，我们都听说了，这不能怪你。而且小美这孩子淘气，之前也趁我们不注意，偷偷解开安全带瞎玩，这回她该长记性了。"

孙妈妈拉住江妈妈的手，说道："你也是好心帮忙，我们已经非常感激了。今天发生事故，不该让你承担全部的赔偿责任，况且今天的事，小美也不对。"

"是啊是啊！"孙小美突然抱住了江妈妈，眼泪汪汪地说，"今天都是我不好，我不该偷偷解开安全带的。江阿姨对不起，我以后一定不这样了。"

孙妈妈摸摸孙小美的脑袋，笑道："你说得对，我们以后没时间的话，还得继续拜托江阿姨呢，你问问江阿姨还愿不愿意接送你这个小淘气鬼。"

江妈妈扑哧一笑："我们两家这么多年的交情，我当然愿意啦！"

免费的交通车

常警官说

"好意搭乘"也称搭便车，是指驾驶人出于好意，无偿地邀请或允许他人搭乘自己车辆的非运营行为。生活中的"好意搭乘"无处不在，比如，顺路捎带朋友、同事等。"好意搭乘"作为一种善意施惠、助人为乐的行为，属于互帮互助的传统美德范畴，如果发生交通事故后让驾驶人承担全部责任，不利于传统美德的弘扬。

《民法典》明确了"好意搭乘"的法律规则，规定"非营运机动车发生交通事故造成无偿搭乘人损害，属于该机动车一方责任的，应当减轻其赔偿责任，但是机动车使用人有故意或者重大过失的除外"。这样的规定有助于建立互帮互助、和谐友善的社会关系，弘扬中国特色社会主义核心价值观。

法条链接

《中华人民共和国民法典》

第一千二百零八条 机动车发生交通事故造成损害的，依照

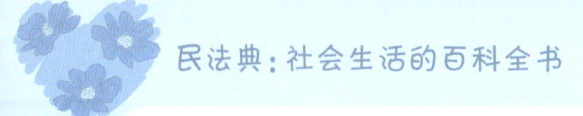

道路交通安全法律和本法的有关规定承担赔偿责任。

第一千二百一十七条 非营运机动车发生交通事故造成无偿搭乘人损害，属于该机动车一方责任的，应当减轻其赔偿责任，但是机动车使用人有故意或者重大过失的除外。

思考与讨论

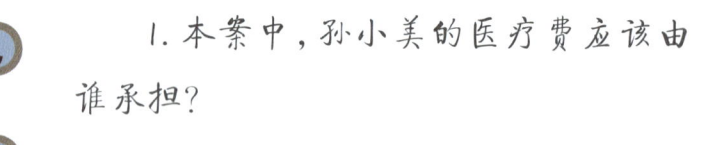

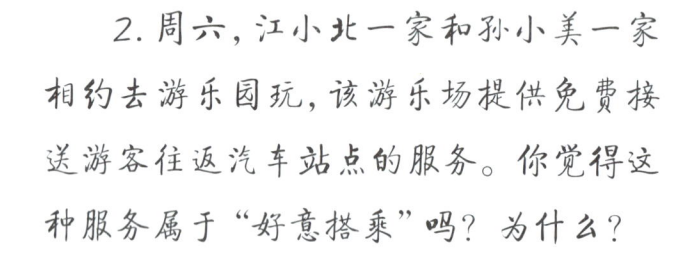

1. 本案中，孙小美的医疗费应该由谁承担？

2. 周六，江小北一家和孙小美一家相约去游乐园玩，该游乐场提供免费接送游客往返汽车站点的服务。你觉得这种服务属于"好意搭乘"吗？为什么？

19

"天降"横祸

"啊!"龙小山长舒一口气,"周末作业终于写完了,我终于可以找我的小伙伴出来玩了。"小山拿着完成的作业开心地奔向妈妈,妈妈检查完作业后,小山便迫不及待地把小伙伴都约出来。小伙伴们相约聚集在"老地方",大家一见面就激动地讨论玩什么游戏,你一言我一语。最后大家投票决定玩捉迷藏。大家都在为藏在哪里不被发现而苦恼,但龙小山暗自窃喜,心里早有打算。因为龙小山家楼顶上正好装修完,有一条"秘密小道"可以通向楼顶,一般人发现不了,那里是龙小山的"秘密基地",他们肯定找不着,想到这里小山不禁沾沾自喜起来!

小伙伴刚开始蒙眼数数,大家便"嗡"地散开跑向自己心中的"秘密基地"。小山边跑边四处观察,看看有没有人跟着自己,生怕自己的"秘密基地"被人发现。小山一边跑一边想到自己会成为最后赢家,越跑越有劲儿,一口气爬到了顶楼,顺着梯子手脚并用，终于到了"秘密基地"。小山抬头一看，被眼前的一幕惊呆了！原来这个"秘密基地"不止他一个人知道，这里不知道什么时候多出来了烧烤架、帐篷、啤酒瓶，好像最近有人在这里聚会过。小山心里想：我得叫小伙伴们过来看看，想想办法也搞个小聚会。大家怀着期待的心情一路跟随小山来到了"秘密基地"。大家看到有帐篷、烧烤架等好多新奇的东西都兴奋地尖叫起来！

　　小伙伴们聚在一起叽叽喳喳地讨论怎么玩。这时，小山发现角落里有好多遗留的啤酒瓶。他灵机一动，提议："要不我们玩扔酒瓶吧。你们看见楼下面那个池塘了吗？咱们就比谁的力气大，扔得远。谁扔得最远我们就叫他队长，大家都要听他的。"小伙伴们一致同意，争先恐后去找玻璃瓶。小山说："现在大家听我的口令啊，一、二、三……"话音刚落，七八个瓶子就飞出去了。

"天降"横祸

　　伴随酒瓶掉入池塘"扑通、扑通"的声音,同时传来的是玻璃破碎的咔嚓声以及随后而来的汽车警示鸣笛声。大家赶忙趴过去一看,原来是酒瓶砸到楼下的汽车了。看着车玻璃被砸的样子,大家面面相觑,不知是谁扔的瓶子,也不知道怎么办才好。小山有些惊慌,但他想起了妈妈的话:做错事要勇敢面对,敢于承认自己的错误。想到这里,小山怀着忐忑的心情跑下楼将此事告诉妈妈。妈妈赶忙放下手中的毛衣下楼查看。认真检查一番后,确认没有砸到人,只是车玻璃碎了,妈妈长舒一口气,按照车窗前玻璃上的电话与车主取得了联系。

　　车主不一会儿就到了。江妈妈向车主说明情况后,龙小山和几个小伙伴们低着头缓缓走过来向车主道歉,并保证以后不会再

民法典：社会生活的百科全书

做这么危险的事情了。几位家长闻讯也赶来了，批评了各自的孩子后表示愿意分担车主的损失。龙小山和他的小伙伴们经历了这次"飞来横祸"，再也不敢鲁莽行动了，他们明白了：高空抛物等危险的行为不能做，否则造成严重的后果可能要承担法律责任！

常警官说

随着城市楼房越来越多、越来越高，高空抛物的行为发生频率也有所增加。在现实生活中，高空抛物对过往行人的人身安全构成严重威胁。因此，我国《民法典》特别规定高空抛物侵权是一种特殊的侵权方式，如果不能确定具体侵权人，除能够证明自己不是侵权人外，由可能加害的建筑物使用人给予补偿，这是公平原则的体现。

本故事中，龙小山和小伙伴们都扔了酒瓶，但不能确定是谁扔的酒瓶砸中了汽车。为了保护车主的利益不受损害，避免小伙伴们互相推诿，法律规定应当由所有参与扔瓶子的小伙伴们共同承担造成的损失。

法条链接

《中华人民共和国民法典》

第一千二百五十四条 禁止从建筑物中抛掷物品。从建筑物中抛掷物品或者从建筑物上坠落的物品造成他人损害的，由侵权人依法承担侵权责任；经调查难以确定具体侵权人的，除能够证明自己不是侵权人的外，由可能加害的建筑物使用人给予补偿。可能加害的建筑物使用人补偿后，有权向侵权人追偿。

物业服务企业等建筑物管理人应当采取必要的安全保障措施防止前款规定情形的发生；未采取必要的安全保障措施的，应当依法承担未履行安全保障义务的侵权责任。

发生本条第一款规定的情形的，公安等机关应当依法及时调查，查清责任人。

民法典：社会生活的百科全书

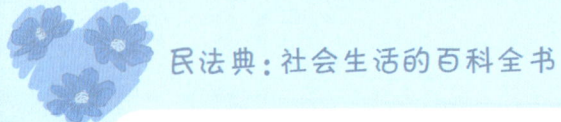

思考与讨论

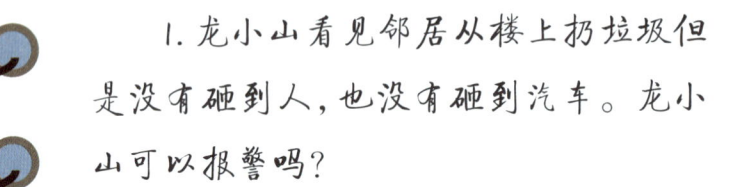

1. 龙小山看见邻居从楼上扔垃圾但是没有砸到人，也没有砸到汽车。龙小山可以报警吗？

2. 龙小山写作业时总是写错，一气之下将纸张揉成一团从窗户扔了出去，砸到了路人。龙小山的行为违法吗？

20

小区里的"坑"

今天是周六,江小北和妈妈约好去公园游玩。

"叮……"一阵短促的电话铃声响起,正在一旁收拾东西的小北想到上午的出行恐怕不能如愿了,她知道这是妈妈的手机铃声。江妈妈的工作一向繁忙,经常有周末临时加班的情况。时间久了小北也明白,每次妈妈的电话响起,基本上都是工作上的事情。

果然,江妈妈接完电话轻声对小北说:"小北啊,妈妈下午再和你去公园好不好?妈妈临时有工作要做,你上午就在家里休息。"

"好的。"小北很懂事地答应道。不能出游的失落自然是有的,但是她理解妈妈的辛苦。

江妈妈一声嘱咐从尚未闭合的门缝飘进来:"在家好好待着啊,等我回来。"

"咚咚咚!"门口响起了略显沉重的敲门声。在家待了一上午的江小北知道一定是妈妈回来了。

她快步走到门厅,一开门却不由得皱紧了眉头,感觉好像一块大石头沉到了肚子里。小北看到妈妈左手缠着绷带,额头上还有一块淤青。

"妈妈!你怎么了?发生了什么事情?"江小北脸上浮现着震惊的表情。

江妈妈回答道:"没事,我上班路上摔了一跤,路上有一个井盖坏了。妈骑电动车轧了过去,被那个坏井盖绊倒了。"

江小北看着受伤的妈妈心里很不是滋味,心里想着不能让妈妈白白摔伤,一定要找到对坏井盖负责的人,给妈妈讨一个说法。于是她说:"妈妈你放心,我一定给你讨一个说法。"

小区里的"坑"

"你一个小孩子，上哪给我讨说法去？知道你有这个心思，我就很高兴了！"妈妈左手拍拍小北肩膀，轻轻笑道："我已经跟你爸说了，他明天一早就出差回来了。"

果然，第二天一大早，龙爸爸就回来了。他认真查看江妈妈的手臂有没有固定好，伤得严不严重。等到了上班时间，龙爸爸把小北叫了过来："女儿，咱们走，去物业给你妈妈讨个说法去。"

小北立刻来了精神，大有一副巾帼不让须眉的架势。"放松点，我们过去找他们有理有据，我昨天问了朋友，有法律保障我们。"龙爸爸稳健地说道。

父女二人径直来到小区物业公司的接待处。"您好，请问有什么事情吗？"前台工作人员询问龙爸爸。"我要见你们这里的负责人。"

很快一个微胖的中年男子走了出来，在江小北父女对面坐下，带着似乎和善的笑容说："请问有什么事吗？"

"我们小区公共道路安全的维护、设施的检修这些事情，是咱们物业在负责吧？"龙爸爸问道。

"是啊，小区的道路和设施一直有工人定期检查的。"

"昨天我爱人在上班路上被坏井盖绊倒摔伤了，这件事你看看怎么办？"

"这事我知道的！"中年男人喝了口水，继续说道："您妻子的摔伤我很抱歉，我们都不愿这种意外发生对不对，这毕竟不是小事。但是这件事情我们也有我们的看法。"他用一种抱歉中带着无辜的语气，好像真的是一个听闻别人不幸遭遇的路人。

"你爱人骑车太快，没有看清路，车子刹车我估计也有问题，多种因素造成了这次意外。别人从这条路走的时候都没有问题，对吧？所以主要的责任我看还是在个人。不过事情已经发生了，都是小区的业主，我个人愿意自掏200元作为一点心意，您看行吗？"

听到这里，就连坐在旁边的小北都听出来了，这个负责人就是不想负责，200元连妈妈医药费都不够。她看了一眼龙爸爸，只见爸爸把声音提高了一些："如果你们是这个态度，我们只能通过法律途径解决了,依照法律规定,你们肯定是要负责的。你们可以扪心自问是不是尽到了维护道路设施安全的义务。你们单位应该也有法律顾问,你可以问问。"

说罢双方陷入了短暂的沉默。显然,物业公司的负责人是心知肚明的,为了节省支出,小区道路已经很久没有维护了,在法律面前他没有"打太极"的余地。龙爸爸准备带小北直接回家。中年男人见状连忙表示事情可以再商量,先赔付江妈妈的医药费,其他费用再说。龙爸爸则说道:"赔偿是小事,我们这次来主要目的也不是赔偿。目前首要的是赶快把道路、井盖这些可能危及安全的设施检修一下。这次的损失并不算太大,但下次就说不准了。"物业的负责人点头称是。

小北和爸爸起身离开。小北走到屋外的阳光下只觉得心情舒畅。想起爸爸刚才沉稳的"谈判",心里默念:"讨说法还得懂法律才行。"

常警官说

当公民个人的合法利益受到侵害时，可以依据《民法典》取得对受损利益的赔偿，即侵害方应当承担民事责任。例如，本案中江妈妈个人人身利益受到损害，是因为物业公司没有履行维护道路、井盖等义务，主观上存在过错，应当承担侵权责任。

一般情况下，我们"维权""讨说法"要有证据，即遵循"谁主张，谁举证"的法律原则，但是在某些特殊的情况下，法律会将举证责任分配给侵权方，比如，本案中的物业公司。理由是被侵权人处于相对弱势地位，物业服务企业则掌握相对丰富的资源，可以通过工作日志、安装监控设施等来加强管理，举证相对容易。这为被侵权人维护自身权益提供了便利。

法条链接

《中华人民共和国民法典》

第一千一百六十五条　行为人因过错侵害他人民事权益造成损害的,应当承担侵权责任。

依照法律规定推定行为人有过错,其不能证明自己没有过错的,应当承担侵权责任。

第一千一百七十九条　侵害他人造成人身损害的,应当赔偿医疗费、护理费、交通费、营养费、住院伙食补助费等为治疗和康复支出的合理费用,以及因误工减少的收入。造成残疾的,还应当赔偿辅助器具费和残疾赔偿金;造成死亡的,还应当赔偿丧葬费和死亡赔偿金。

第一千二百五十八条　在公共场所或者道路上挖掘、修缮安装地下设施等造成他人损害,施工人不能证明已经设置明显标志和采取安全措施的,应当承担侵权责任。

窨井等地下设施造成他人损害,管理人不能证明尽到管理职责的,应当承担侵权责任。

民法典：社会生活的百科全书

思考与讨论

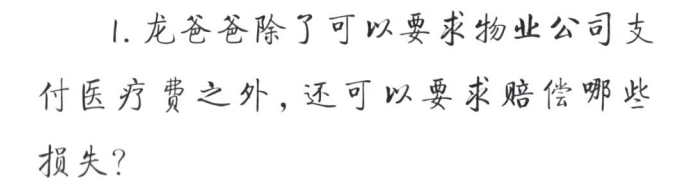

1. 龙爸爸除了可以要求物业公司支付医疗费之外，还可以要求赔偿哪些损失？

2. 如果物业公司有翔实的记录证明其一直以来都按照规定的标准及时检查、维护小区道路和公共设施，而坏井盖是因为意外情况损坏，那么，在此种情况下江妈妈被井盖绊倒摔伤，物业公司应当承担责任吗？